HISTORIQUE
◦ DE LA ◦
GUERRE

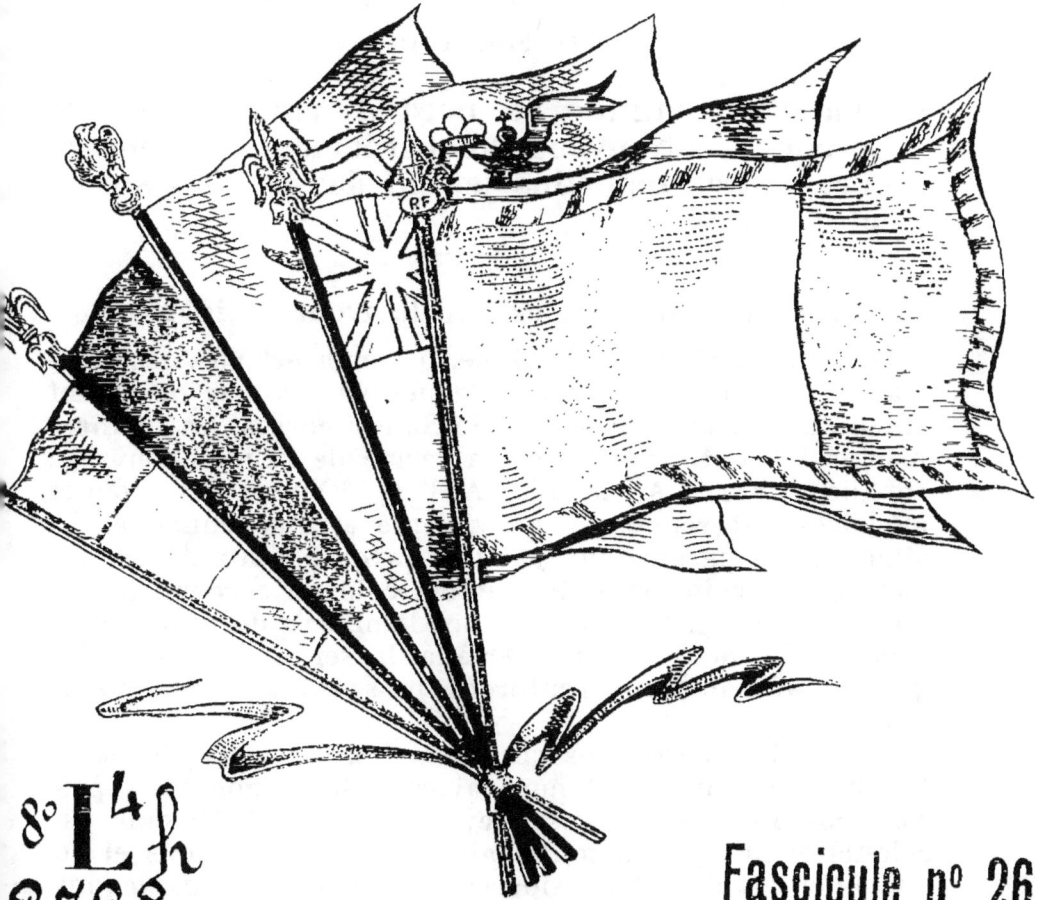

Fascicule n° 26

PAR

Ferdinand BAUDOUIN

Ancien Officier de Réserve
Juge de paix à Ruffec, Maire de Couture-d'Argenson (2-Sèvres)
Officier de l'Instruction Publique

HISTORIQUE DE LA GUERRE

10 MAI 1915

La bataille continue au nord d'Arras, autour de Carency. — Nouveau bombardement de Dunkerque. — Des zeppelins jettent des bombes sur la côte anglaise.

Situation des armées sur le front occidental

Dans le nord de la Belgique, à Lombaertzyde, les Allemands ont prononcé trois attaques successives qui n'ont obtenu aucun succès. A l'est de Saint-Georges, les fusiliers marins se sont emparés de la ferme de l'Union, ouvrage fortifié par les Allemands. A l'est d'Ypres, les troupes anglaises ont repoussé une violente attaque ennemie. La situation ne paraît donc pas très favorable aux Allemands dans cette région et si leur effort colossal a réussi il y a quelques jours à faire fléchir nos lignes, ils doivent s'apercevoir qu'ils devront renoncer à les briser. Ce sont les alliés qui, considérablement renforcés, passent à la contre-offensive.

Au nord d'Arras, nos succès se sont développés entre Carency et Souchez et nous avons fait de nouveaux prisonniers. Le nombre s'est élevé à plus de 3.000 dont un colonel et nos prises sont maintenant de 10 canons et 50 mitrailleuses. Il faut considérer le succès que nous venons de remporter et qui paraît devoir se continuer, comme un des plus importants de cette région, au point de vue stratégique.

Les Anglais ne sont pas restés inactifs et le maréchal French communique que le 9 mai, la première armée anglaise a attaqué la ligne allemande entre Bois-Grenier et Festubert et a gagné du terrain au sud-est, vers Formelles.

Nous ne nous trouvons donc pas en présence d'un fait d'armes isolé, mais bien d'une action coordonnée qui peut avoir des résultats appréciables et une grande influence sur les opérations futures.

Sur le reste du front, deux attaques allemandes ont été repoussées, l'une à Berry-au-Bac et l'autre au bois Le Prêtre.

En Alsace, le duel d'artillerie continue très intense et il nous parvient de Suisse que nos troupes ont entrepris, dans la vallée de la Largue une offensive énergique. On signale également dans cette réunion une recrudescence d'activité de nos aviateurs. Deux bombes ont été jetées près d'Obersteinbrum.

F. B.

Nouvelles diverses publiées par les journaux

— Un sous-marin allemand a coulé le 8 mai, au large de Blyth, le vapeur anglais *Queen-Wilhelmina*.

— Ce matin, 10 mai, à 2 heures 45, deux zeppelins ont survolé Southend et Westcliff (Angleterre), on annonce qu'ils ont jeté environ 80 bombes incendiaires et explosives, un des zeppelins doit avoir été endommagé par le tir des canons.

— Un avion allemand a survolé Clermont-de-l'Oise ce matin, il a jeté trois bombes dont une incendiaire.

— D'autres avions ont tenté de survoler Belfort mais le tir de nos canons les a obligés à s'éloigner.

— Le 9 mai, un avion allemand a jeté deux bombes sur Montdidier, l'une d'elle a fait une victime.

— L'aviateur Garros que l'on croyait interné à Magdebourg a été conduit à Custrin près de Francfort-sur-l'Oder

— On annonce de Marseille que deux officiers généraux et deux officiers d'état-major allemands, prisonniers, viennent d'arriver dans cette ville pour être internés au fort Saint-Nicolas.

— Des Allemands dont on avait signalé le départ de Valence (Espagne) dans un canot automobile, ont été faits prisonniers par un croiseur français et amenés à Marseille.

— Le Président de la République, accompagné du général de Castelnau, a visité les troupes qui opèrent dans la région de Ribécourt (Oise).

En Russie. — Les Allemands après s'être emparés de Libau ont ordonné l'enrôlement forcé des hommes. Dans les milieux militaires russes on n'attache pas d'importance à l'occupation de Libau depuis la prise par les Russes de la puissante position de Jamschki, entre Chavli et Mitau, ce qui forcera les Allemands à rétrécir leur front et à abandonner la marche sur Riga.

Au sud de Gorlice, les Russes ont réoccupé leurs positions antérieures au col de Doukla et ils ont gardé leurs positions sur le versant sud des Carpathes. On signale une poussée formidable russe au nord-est de Tarnow et les Austro-Allemands reculent sensiblement.

En Turquie. — La situation des alliés aux Dardanelles est toujours favorable. Les troupes turques de la péninsule ne peuvent recevoir de renforts, elles sont balayées par le feu du cuirassé *Queen-Elizabeth*.

Le bruit court qu'une armée russe aurait débarqué sur la rive turque de la mer Noire, mais cette nouvelle non-officielle, mérite d'être confirmée.

En Grèce. — M. Venizelos, rappelé à Athènes, vient d'arriver au Piré, il a été reçu par ses anciens collègues et s'est embarqué aussitôt pour Mitylène.

Documents historiques, récits et anecdotes.

DÉCORÉ PAR SON PÈRE. — M. le colonel Gross, commandeur de la Légion d'honneur, au cours d'une revue passée dans la cour de la caserne Taillefer, à Angoulême, a remis la croix de la Légion d'honneur à son fils, le lieutenant Jean Gross.

Le nouveau chevalier, lieutenant au 3ᵉ zouaves, est âgé de 24 ans. Il fut blessé très grièvement en Belgique, le 24 novembre 1914. Il est aussi titulaire de la croix de guerre.

Détail à signaler: le grand-père du jeune lieutenant fut décoré sur le champ de bataille, en Algérie, et son père, le colonel Gross, fait chevalier de la Légion d'honneur en Annam.

Dépêches officielles
Premier Communiqué

Trois nouvelles attaques allemandes au nord de Lombaertzyde ont été repoussées.

A l'est de Saint-Georges, nos fusiliers marins se sont emparés de la ferme de l'Union, très puissamment fortifiée par les Allemands et d'un ouvrage à l'est. Ils ont fait une trentaine de prisonniers.

Dunkerque a été de nouveau bombardée ce matin vers six heures (deux obus).

Dans la région au nord d'Arras, nous avons maintenu tous les gains importants signalés dans le communiqué d'hier soir.

Sur le reste du front, notamment dans l'Argonne et en Alsace, au Sillakerwasen, continuation de la lutte d'artillerie.

Deuxième Communiqué

Au nord d'Arras nous avons maintenu malgré plusieurs contre-attaques allemandes tout notre gain d'hier, et nous l'avons élargi sur certains points, notamment entre Carency et Souchez.

Notre succès s'est développé; le nombre total des prisonniers dépassait trois mille à quinze heures; on compte

parmi eux une quarantaine d'officiers dont un colonel.
Nous avons pris dans les deux journées d'hier et d'aujour-
d'hui plus de dix canons et de cinquante mitrailleuses.

A Berry-au-Bac une attaque allemande a été repoussée.
Il en a été de même au bois Le Prêtre.

---

11 MAI 1915

Nouveaux progrès des Français à Carency. — Prise du fortin et de la Chapelle de Notre-Dame-de-Lorette. — Un avion allemand jette des bombes sur Saint-Denis. — Progrès russes en Galicie orientale.

Situation des armées sur le front occidental

La grande bataille commencée le 8 mai, se continue jour
et nuit, avec une violence extraordinaire, d'Arras à la mer
du Nord et elle se développe dans des conditions très heureuses pour les alliés.

Dans le Nord, près de Saint-Georges, les Allemands ont
essayé de reprendre pendant la nuit le fortin de l'Union que
nous leur avons enlevé hier, mais ils n'ont pas réussi.

Autour de Dixmude, les troupes belges se sont distinguées
et ont dominé les troupes allemandes. Au nord de Dixmude
l'ennemi a attaqué la position que les Belges avaient réussi
à établir sur la rive droite de l'Yser mais cette attaque, exé-
cutée par trois bataillons a complètement échoué. Au sud
de Dixmude, une division belge a gagné du terrain.

A l'est d'Ypres, les Anglais ont été à nouveau attaqués

furieusement, avec accompagnement de gaz asphyxiants, mais l'attaque a été désastreuse pour les Allemands. Reçus par un feu de mitrailleuses et de fusils, l'ennemi qui attaquait en masses serrées, confiant dans le résultat des gaz délétères, a été presque complètement anéanti.

L'affaire la plus importante est notre offensive au nord d'Arras, dans la direction de Lens. Nous avons obtenu de très beaux succès en avant de Loos et à Notre-Dame-de-Lorette où nous avons pris d'assaut le grand fortin de la chapelle, position très fortifiée.

Mais c'est surtout autour de Carency que se sont développées les opérations les plus importantes. Dès le 10 au soir, Carency était investi par nos troupes sur trois de ses faces. L'ennemi a profité de la nuit pour amener de Lens et de Douai, en automobiles, toutes les troupes de renfort dont il pouvait disposer mais nos troupes ont résisté à toutes les contre-attaques allemandes et le 11, au matin, elles ont investi plus étroitement Carency, rendant presque impossibles les communications allemandes avec Ablain et Souchez et occupant le cimetière de Neuville-Saint-Vaast. Au cours de ces opérations, nous avons fait de nombreux prisonniers et pris à l'ennemi des munitions et du matériel.

F. B.

Nouvelles diverses publiées par les journaux

— Dans la matinée du 10 mai, la ville de Dunkerque a subi deux nouveaux bombardements, le premier à 8 heures, deux obus, et le second à 11 heures, 7 obus. Les dégâts matériels sont peu importants, mais il y a quelques victimes.

— Le 10 mai, vers sept heures du matin, un aéroplane allemand, volant à une très grande hauteur, a laissé tomber cinq bombes sur Saint-Denis, elles ont blessé deux personnes, dont une grièvement et tué un cheval. Nos avions lui ayant donné la chasse, il s'est enfui, poursuivi par eux.

— Le même jour, vers 8 heures, un zeppelin a été signalé dans la région de Compiègne, vers 9 heures, le zeppelin a jugé prudent de rebrousser chemin.

— On apprend que le 7 mai, un biplan allemand a été abattu près de la Falaise, dans la Somme, les deux aviateurs ont été faits prisonniers.

— Un avion allemand a lancé des bombes sur la gare de Doullens, sans résultat.

— Un avion français a jeté des bombes sur un hangar de dirigeables à Maubeuge et y a allumé un incendie.

— Le 8 mai, le remorqueur anglais *Homer* qui halait la barque française *Général de Sonis* a été attaqué par un sous-marin à hauteur de l'île de Wight. Après avoir détaché le filin de la remorque, il réussit à échapper à la poursuite du sous-marin et à se réfugier à Bambridge. La barque française est arrivée à la voile à Dunkerque.

En Russie. — Les contre-attaques russes dans les provinces baltiques sont couronnées de succès. Dans la nuit du 9 mai les avant-gardes russes ont traversé le Dniester, ont attaqué l'ennemi sur le front Chabokruki et ont fait 1.300 prisonniers, capturant un canon et plusieurs mitrailleuses. En Galicie occidentale, des combats acharnés ont été livrés vers Krosno et les austro-allemands ont réussi à franchir la Visloka.

En Turquie. — La flotte alliée a pénétré dans les détroits jusqu'à la baie de Sari-Riglar, au-delà de Chanak. Kilid-Bahr et Nagara ont été bombardés. Il se confirme que dans la journée du 6 mai la ville de Maïnos a été incendiée, la fumée s'élevait à une hauteur de 1.000 mètres.

L'esprit des troupes alliées est excellent. Les plus lourdes pertes ont été supportées par les Australiens. Les Sénégalais font merveille et les prisonniers turcs les prennent pour des Egyptiens, ce qui les fait beaucoup rire.

On annonce de Sofia qu'une délégation d'officiers turcs

s'est présentée à Enver Pacha, exigeant de lui la conclu-
sion de la paix. Ces officiers ont été passés par les armes.

Les Turcs empoisonnent les sources.

Documents historiques, récits et anecdotes-

LES ALLEMANDS NE FONT PAS QUARTIER AUX ANGLAIS. — Le
bureau de la presse publie des déclarations de M. Martin,
rédacteur en chef du *Roterdamsche Niewsblad Vantidar*,
journal de Rotterdam, reproduisant le récit fait à diverses
reprises par trois déserteurs allemands, dont il donne les
noms, le numéro des régiments et des compagnies.

Ces déserteurs affirment que les régiments bavarois,
sous les ordres du prince Ruprecht, ont reçu l'ordre for-
mel de ne faire aucun prisonnier anglais. L'ordre était
exclusivement donné à l'armée bavaroise. Les soldats y
contrevenant étaient sévèrement punis. Les prisonniers
anglais qui étaient faits n'étaient pas envoyés en Allemagne,
mais conduits au quartier général, les mains liées derrière le dos, les yeux bandés. Ils étaient immédiatement
fusillés sur l'ordre d'officiers. On ne leur disait jamais
qu'ils allaient être fusillés. La plupart étaient des blessés.

Les déserteurs ont donné tous les détails sur ces fusil-
lades et les noms des officiers présents. Un des déserteurs
a lui-même fusillé cinq prisonniers anglais, bien qu'il n'ap-
prouvât pas l'ordre qui lui avait été donné. Leur principale
raison pour déserter étaient les mauvais traitements qui
leur étaient infligés par les officiers, ainsi que le manque
de nourriture.

Les soldats dans les tranchées mouraient de faim. Plus
de 40 prisonniers anglais ont été brûlés dans un hangar,
et les soldats ont reçu une médaille pour cet exploit.

Un déserteur dit que le 18 décembre, 24 prisonniers
anglais, parmi lesquels un grand nombre d'officiers, ont
été fusillés par sa compagnie. Un des motifs de la fusillade
était qu'ils avaient fait sauter un pont sur l'Escaut, près

d'Anvers, pendant que les Allemands le traversaient au cours de leur poursuite de l'armée anglaise en retraite. Ils furent placés les uns après les autres contre un mur. Des nouveaux soldats furent appelés des rangs pour participer à la fusillade. A peu près tous les hommes du bataillon s'exercèrent à fusiller les Anglais. Cet assassinat a eu lieu à Warvick, sous les ordres du commandant Hofman et du lieutenant Neumiehle.

Dans une autre occasion, un officier anglais et 4 soldats qui avaient capitulé ont été fusillés au château d'Holle-beke, après un combat corps à corps.

Dépêches officielles

Premier Communiqué

En Belgique, près de Saint-Georges, l'ennemi a tenté, par une attaque de nuit, de reprendre les ouvrages conquis par nous avant-hier. Il a été repoussé.

Au nord d'Arras, nos progrès ont continué à la fin de la journée de lundi; nous nous sommes emparés d'abord du cimetière, puis de la partie est du village de Carency et de la route de Carency à Souchez.

Carency, où nous avons fait deux cent trente nouveaux prisonniers, dont trois officiers, et pris plusieurs mitrailleuses, est investi par nos troupes sur trois de ses faces et n'a plus que des communications précaires avec les lignes allemandes. Les forces amenées par l'ennemi de Lens et de Douai, en automobiles, n'ont réussi nulle part à reprendre l'avantage. Quatre fortes contre-attaques se sont brisées sous notre feu au cours de l'après-midi de lundi, en subissant des pertes très élevées, devant Loos, à Notre-Dame-de-Lorette, à Souchez et à Neuville-Saint-Vaast. Sur ce dernier point, nous avons gagné du terrain en faisant une centaine de prisonniers.

Le nombre des officiers pris passait hier soir la cinquantaine.

Dans la nuit de lundi à mardi, l'ennemi a subi un nouvel échec: les contre-attaques au nord de Neuville, précédées
d'un violent bombardement, ont été repoussées complètement et nous avons conservé la totalité du terrain gagné
en infligeant de très fortes pertes aux assaillants.

Sur le reste du front Loos-Arras, aucune contre-attaque.

Après le bombardement de Dunkerque signalé hier matin
(trois obus, ni victimes, ni dégâts), les Allemands ont lancé
onze obus sur Bergues. Il y eut douze tués et onze blessés.
Nos batteries ont aussitôt ouvert le feu et arrêté le tir de
l'ennemi, qui n'a pas recommencé dans la journée.

Sur le reste du front, rien à signaler.

Deuxième Communiqué

Au nord de Dixmude, les troupes belges, qui avaient
réussi à jeter une tête de pont sur la rive droite de l'Yser,
ont été violemment attaquées, dans la nuit de lundi à mardi,
par trois bataillons allemands; elles les ont repoussés en
leur infligeant de fortes pertes et en faisant une cinquantaine de prisonniers. Une autre division belge a gagné du
terrain au sud de Dixmude.

A l'est d'Ypres, les troupes britanniques attaquées de
nouveau à l'aide d'un nuage asphyxiant, ont laissé passer le
nuage à l'abri des masques récemment mis en usage, et
par un feu de mitrailleuses et de fusils, ont anéanti à bout
portant les colonnes allemandes qui s'avançaient en forma-
tions serrées.

Nos succès au nord d'Arras se sont sensiblement élargis
aujourd'hui au cours de combats d'une extrême violence.

Devant Loos, nous avons, après une lutte acharnée et
malgré une canonnade intense, enlevé un gros ouvrage
allemand et tout un système de tranchées à cheval sur le
chemin Loos-Vermelles.

Plus au sud, nous avons pris d'assaut le grand fortin et la chapelle de Notre-Dame-de-Lorette. Cette position, ardemment défendue depuis des mois par les Allemands, qui en avaient fait une véritable forteresse, a été débordée, investie et enlevée cet après-midi par nos troupes. Nous avons, sans arrêt, poursuivi notre succès en poussant énergiquement l'ennemi entre la chapelle de Notre-Dame-de-Lorette et Ablain-Saint-Nazaire.

Toutes les tranchées allemandes au sud de la Chapelle sont tombées entre nos mains; nous y avons trouvé plusieurs centaines de cadavres.

Les Allemands, débouchant d'Ablain, ont alors contre-attaqué. Cette contre-attaque a été brisée net. Nous avons aussitôt repris l'offensive et gagné du terrain dans la direction de la sucrerie de Souchez.

A Carency, l'investissement de la position allemande a été étroitement resserré par nous; nous avons enlevé plusieurs îlots de maisons dans la partie est du village, fait cinquante prisonniers, dont un officier, et progressé vers les bois à l'est du village. Les communications de Carency et d'Ablain sur Souchez deviennent de plus en plus malaisées pour l'ennemi.

Après un violent combat, nous nous sommes emparés du cimetière de Neuville-Saint-Vaast, très fortement organisé par les Allemands,

Nous avons ensuite progressé au sud-est de ce village, que nous débordons par l'ouest et par l'est.

Dans tout le secteur Loos-Arras, où nous avions, dès dimanche, enlevé trois lignes de tranchées allemandes, on se bat actuellement sur les quatrièmes lignes.

Les prisonniers, dont le nombre continue à augmenter, ont déclaré que l'ordre avait été donné de conserver à tout prix la Chapelle et le fortin de Notre-Dame-de-Lorette.

Sur le reste du front, rien d'important à signaler; simples combats d'artillerie.

12 MAI 1915

Les troupes françaises continuent à progresser à Carency et à Neuville-Saint-Vaast.

Situation des armées sur le front occidental

Les communiqués français nous annoncent nos succès au nord d'Arras sans paraître leur donner l'importance d'une grande victoire. Cependant, il paraît que c'est une des grandes batailles de la guerre qui se déroule en ce moment entre Lombaertzyde et les plaines de la Picardie. Les Anglais et les Belges tiennent tête d'une façon merveilleuse à l'offensive allemande dans la région d'Ypres et dans celle de Dixmude et les attaques sans cesse renouvelées de l'ennemi ne peuvent pas briser leurs lignes. Pendant ce temps, les troupes françaises ont pris une vigoureuse offensive dans la direction de Lens et elles s'efforcent de s'emparer des dernières positions allemandes qui couvrent les plaines de l'Artois et le bassin minier de Lens. Cette attaque française menée avec un entrain merveilleux et une énergie sans égale a été désastreuse pour l'ennemi qui se voit enlever ses positions les plus fortifiées, celles qu'il considérait comme imprenables. Pendant la nuit du 11 au 12 mai, il n'a réussi que sur un seul point, en avant de Loos, à reprendre une partie du terrain conquis la veille, partout ailleurs il recule, malgré les renforts qu'il reçoit continuellement, malgré l'énergie qu'il déploie pour défendre ses positions.

Dans la matinée du 12 mai, nous avons continué à encercler Carency en nous emparant d'un bois situé à l'est de cette localité menaçant de très près les lignes de communications de l'ennemi. Nous nous sommes même emparés d'une partie de cette localité. Le combat continue également, très violent, dans Neuville-Saint-Vaast où nous enlevons les maisons une à une.

Le nombre seul des prisonniers faits qui atteint maintenant 4.000, prouve l'importance de l'action et la résistance de l'adversaire.

Ce résultat laisse bien augurer de la suite des opérations dans cette région.

F. B.

Nouvelles diverses publiées par les journaux

— Le vice-amiral Berryer, gouverneur de Brest, a remis, devant les troupes assemblées, la croix de la Légion d'honneur au sous-lieutenant Gandry, du 294e d'infanterie, âgé de 18 ans, grièvement blessé sur le champ de bataille.

— Le roi d'Angleterre a nommé chevalier de l'ordre du Bain de 3e classe, le capitaine de Saint-Seine, officier naval. Le général Maunoury est nommé chevalier grand'croix de première classe de l'ordre des Saints Michel et Georges.

— Le gouverneur du Harrar (Abyssinie) a fait parvenir au gouverneur de la côte française des Somalis une somme de 5.000 francs destinée aux œuvres de la Croix-Rouge.

— On annonce d'Amsterdam que deux zeppelins ont été aperçus se dirigeant à toute vitesse vers l'ouest.

— On télégraphie de Rome, que M. de Giers, ambassadeur de Russie, est arrivé à Rome, il a été reçu aujourd'hui, 12 mai, par M. Sonnino, ministre des affaires étrangères.

— On annonce de Vienne que le Kaiser s'est rendu dernièrement dans cette ville où a été tenue une conférence à laquelle assistaient les ministres hongrois.

En Russie. — Des renforts russes ont été amenés rapidement dans les provinces baltiques et leur entrée en ligne a fait échouer le raid allemand dans cette région.

En Galicie occidentale, l'offensive allemande est complètement arrêtée, le 9 mai, la 48e division russe qui le 7 mai s'était déjà sortie d'une situation difficile, a combattu et contre-attaqué d'une manière très brillante. En Bukovine, l'offensive russe continue.

Un ukase impérial vient d'ordonner un emprunt intérieur de 1 milliard de roubles.

En Turquie. — Les forces franco-anglaises opérant dans la presqu'île de Gallipoli ont prononcé une attaque générale contre les positions turques, elles ont enlevé à la baïonnette plusieurs lignes de tranchées sur les hauteurs de Krithia.

On évalue à 45.000 hommes les pertes turques depuis le début des opérations

Le 10 mai, la flotte russe de la mer Noire, après un bombardement des forts du Bosphore, a échangé une canonnade avec le croiseur *Gœben* qui a été atteint plusieurs fois et qui est aussitôt sorti de la sphère de combat.

On annonce que parmi les prisonniers turcs amenés à Alexandrie, se trouve le fils de Djemel Pacha, commandant de l'armée turque qui opère contre l'Egypte.

Documents historiques, récits et anecdotes

L'ITALIE MENACÉE APRÈS LA BATAILLE DE CHARLEROI. — *Les Allemands voulaient marcher sur Lyon.* — Après les invites, les cajoleries, les grâces de M. de Bülow, l'Italie essuie la bordée de menaces que lui lance la presse officieuse allemande.

Ce procédé d'intimidation et de menace n'est pas nouveau. Dans la première phase de la présente guerre, au moment où la France eut à subir le grand choc, l'Italie fut aussi visée. L'Allemagne, qui cachait soigneusement la déception et la colère que lui causait la neutralité de l'Italie, cependant dix fois justifiée, songea à une attaque qui l'eût punie et, en même temps, eût pris la France à revers.

L'histoire est rapportée dans le *Temps* par son correspondant, qui dit la tenir d'un homme politique fort bien renseigné. Voici ce qu'il raconte:

« Après la bataille de Mons et de Charleroi et la retraite sur Paris, les amis de l'Allemagne et les ennemis que nous avons en Italie essayèrent de bouleverser l'opinion publique. Ils ne la modifièrent pas. Chaque annonce d'un recul français était un vrai deuil pour la population. On avait vaguement l'intuition qu'il survenait une catastrophe italienne et cela donnait aux sentiments de la foule une précieuse solidarité. Or, pendant ce temps, que se passait-il ailleurs? Ceci, qu'on n'a pas su alors, mais qu'on saura quand s'écrira l'histoire: que l'Allemagne et l'Autriche s'apprêtaient à envahir l'Italie par le nord et à s'emparer de Milan... *L'Allemagne, qui se croyait maîtresse de Paris, voulait aussi attaquer la France de flanc et s'emparer de Lyon.*

« Sur ces entrefaites, la victoire de la Marne, admirable retour de fortune qui arriva comme un jaillissement de soleil en pleine tempête, ramena vers les lignes franco-anglo-belges tout l'effort allemand du secteur occidental, cependant qu'à l'est s'avançaient les Russes.

« L'Allemagne, dès lors, changea complètement de tactique à 'égard de l'Italie et, du système de la colère, passa à celui des promesses et des cajoleries. Et c'est contre ce nouveau système d'enveloppement insidieux, représenté bientôt après par le prince de Bülow lui-même, qu'a dû se débattre jusqu'à maintenant la politique italienne.

« Il n'en reste pas moins qu'au début, pour avoir spontanément refusé de s'associer à l'agression allemande, l'Italie risquait sa perte après celle de la France, si la reprise d'offensive française sur la Marne dans ces modernes champs Catalauniques n'avait de nouveau sauvé la latinité contre le fléau renaissant d'Attila. »

Dépêches officielles
Premier Communiqué

Dans le secteur, au nord d'Arras, nous avons maintenu tous nos gains, sauf devant Loos, où une contre-attaque de nuit nous a repris une partie du terrain conquis dans la journée.

Sur le reste du front, combats d'artillerie.

Deuxième Communiqué

Les combats au nord d'Arras ont continué avec une extrême violence.

Au cours de la nuit de mardi à mercredi, l'ennemi renforcé a prononcé plusieurs contre-attaques qui ne lui ont donné aucun résultat. Dans celle dirigée contre Neuville-Saint-Vaast, les assaillants ont subi des pertes particulièrement élevées; nous avons trouvé dans le cimetière seul plus de 200 cadavres allemands et fait une centaine de prisonniers.

La seconde, entre Carency et Ablain, a été également repoussée.

Une troisième, partant d'Ablain, a aussi complètement échoué.

Dans la matinée de mercredi, nous avons progressé dans les bois à l'est de Carency, en y faisant 125 prisonniers; cette progression a continué dans l'après-midi. Nous avons, d'autre part, enlevé trois lignes successives de tranchées qui bordaient le bois au nord de Carency; nous avons ensuite pénétré dans le bois, menaçant ainsi de très près la dernière communication qui reste ouverte aux défenseurs de la position. Enfin nous avons enlevé une nouvelle partie du village et nous y avons fait 400 prisonniers.

Nous avons attaqué dans l'après-midi la partie de Neuville-Saint-Vaast que l'ennemi tient encore; la lutte de rues nous a rendus maîtres de plusieurs groupes de maisons. Notre progression continue.

Le chiffre total des prisonniers faits depuis dimanche atteignait ce soir 4.000

Sur le reste du front, nous avons arrêté net par notre feu trois attaques allemandes: près de Berry-au-Bac, de Beauséjour et de Marie-Thérèse-Bagatelle.

Fascicule 26

13 MAI 1915

Prise par les Français de Carency et d'Ablain-Saint-Nazaire. — Par une nouvelle offensive française le bois Le Prêtre est conquis en entier. — Le cuirassé anglais « Goliath » est torpillé et coulé dans les Dardanelles.

Situation des armées sur le front occidental

Les opérations se poursuivent au nord d'Arras avec un succès tellement caractérisé que M. Millerand, ministre de la guerre, n'a pas attendu la fin de cette grande bataille pour adresser au général en chef et aux troupes ses plus chaleureuses félicitations.

Les communiqués d'aujourd'hui nous font connaître les différentes phases de la bataille pendant la nuit du 12 et la journée du 13 mai et il est aisé de constater que la lutte est toujours acharnée de part et d'autre et que nos progrès continuent. Nous avançons avec méthode et conformément à un plan de bataille habilement conçu.

Pendant la nuit du 12 mai, nous avons résisté à une violente contre-attaque allemande, faite avec des effectifs considérables, contre le fortin et la chapelle de Notre-Dame-de-Lorette. Nous avons maintenu nos positions et les pertes de l'ennemi sont extrêmement élevées.

Dans cette même nuit, nous avons attaqué Carency et un bois se trouvant au nord de cette localité, nous nous sommes emparés du bois et de la presque totalité du village.

Pendant la journée du 13, nous nous sommes rendus maîtres de la totalité de Carency, nous avons progressé vers le Nord et occupé Ablain-Saint-Nazaire.

La prise de Carency, où s'était établie une garnison allemande, a fait tomber en notre pouvoir de nombreux prisonniers et un matériel considérable qui comprend des canons, des mortiers, un grand nombre de mitrailleuses, 3.000 fusils et de gros approvisionnements d'obus et de cartouches. Nos succès se poursuivent.

La bataille de Carency ne doit pas nous faire oublier les opérations qui se sont déroulées sur d'autres parties du front. Sur la rive droite de l'Yser, l'armée belge a repoussé une contre-attaque allemande et au bois Le Prêtre nous avons obtenu un beau succès en chassant l'ennemi des dernières tranchées qu'il possédait dans ce bois.

F. B.

Nouvelles diverses publiées par les journaux

— L'amirauté anglaise communique que le cuirassé anglais *Goliath* a été torpillé par un contre-torpilleur turc et coulé le 12 mai au soir, dans les Dardanelles, alors qu'il protégeait le flanc des troupes françaises de l'intérieur des détroits. 160 hommes et 20 officiers ont été sauvés, les pertes sont de 500 hommes environ.

— Le vapeur danois *Lilian-Drost* se rendant de Blyth à Copenhague avec un chargement de charbon a heurté une mine dans la mer du Nord et a coulé.

— On apprend que M. Saint-René Taillandier, ancien ministre de France au Maroc, commandeur de la Légion d'honneur, âgé de 63 ans est sergent d'infanterie. Il a contracté un engagement pour la durée de la guerre au 37e de ligne.

— M. Baudry d'Asson père, ancien député royaliste de la Vendée, vient de mourir à l'âge de 79 ans.

— On télégraphie d'Athènes que le roi de Grèce qui souffrait de la grippe depuis plusieurs jours est gravement malade. Les médecins ont diagnostiqué une pleurésie sèche qui nécessitera une opération.

En Russie. — Les armées russes ont repris une vigoureuse offensive en Galicie orientale, les austro-allemands battent en retraite en abandonnant des canons et des cais-

sons de munitions, le nombre des prisonniers s'élève à plusieurs milliers.

En Galicie occidentale, la bataille perd de son intensité.
Dans les provinces baltiques de sérieux combats sont
engagés et les Allemands envoient des renforts de cavalerie.

On apprend de source officielle que les japonais ont
envoyé au front russe des canons lourds nouveau modèle
inventés par le colonel Ogata. Ces canons sont très bons et
très pratiques. Vingt-neuf officiers d'artillerie japonais les
ont accompagnés en Russie.

En Turquie. — La lutte continue, très active, dans la
presqu'île de Gallipoli, les alliés progressent d'une façon
régulière. La flotte russe de la mer Noire a coulé trois
grands navires turcs.

Documents historiques, récits et anecdotes

LA FEINTE DE KOUM-KALEH. — Un témoin rapporte le
débarquement du corps expéditionnaire français aux Dardanelles:

Tandis que les Anglais débarquaient sous un feu roulant
à Sedul-Bahr, pointe de Gallipoli, sur la rive gauche du
détroit, les Français, qui avaient reçu la mission d'opérer
une feinte sur la côte d'Asie, afin de faciliter la tâche de
nos alliés, et qui étaient forts de 3.000 hommes seulement,
débarquèrent à la pointe du village de Koum-Kaleh, pro-
tégés par l'escadre qui tirait sur la crête. Ils furent
accueillis par un ennemi très supérieur, abondamment
pourvu de mitrailleuses et de canons-revolvers.

Sénégalais et coloniaux s'élancèrent sans la moindre
hésitation, malgré une pluie de projectiles. Beaucoup tom-
bèrent sur le débarcadère même, mais les autres s'avan-
cèrent à la baïonnette vers le village. Il fallut prendre maison par maison, et souvent braquer des 75 pour les faire
sauter.

A un moment donné, un officier turc agita un drapeau

blanc. Les nôtres, confiants, s'approchèrent, mais fidèles à leurs instructeurs boches, les Turcs se remirent aussitôt à tirer. Furieux, les nôtres s'élancèrent de nouveau et firent payer cher cette traîtrise. Un peu plus tard le village était entré dans nos mains. On y faisait de nombreux prisonniers. Ceux-ci, interrogés, apprirent qu'ils étaient sous le commandement de von Sanders, qui se tenait très en arrière avec son état-major.

L'exaspération des nôtres est surtout provoquée par les traitements infligés à certains de nos prisonniers. C'est ainsi qu'un lieutenant de génie, fait prisonnier par eux, fut retrouvé pendu et mutilé. Un aide-major subit un sort analogue, avec des mutilations encore plus raffinées. Là encore, les Turcs se montrent dignes élèves de leurs instructeurs boches. Le village de Koum-Kaleh fut occupé les 25 et 26 avril. Une très longue tranchée turque qui se trouvait à droite du village et nous causait énormément de mal fut aperçue heureusement par le croiseur auxiliaire *Savoie*, qui put y diriger son tir d'une façon très efficace. Grâce à son aide et aussi grâce à un canon de 75 qui avait pu se placer de flanc, la tranchée fut enlevée et nous y fîmes plus de 500 prisonniers. Le but qui était fixé à nos troupes était atteint pleinement. Aussi l'ordre fut-il donné de rembarquer le 27 au matin, afin de collaborer avec le corps anglais de l'autre côté du détroit.

Dépêches officielles
Premier Communiqué

Nous avons remporté, au nord d'Arras, de brillants succès dans la soirée de mercredi et dans la nuit de mercredi à jeudi.

A Notre-Dame-de-Lorette, maîtres du fortin et de la chapelle, nous avons subi dans le vaste quadrilatère de tranchées et d'ouvrages qui est au sud de la chapelle, une très violente contre-attaque. Une lutte acharnée, qui a duré toute la nuit, s'est engagée dans ce quadrilatère. Au matin, nous en sommes restés totalement maîtres, ayant infligé à l'ennemi des pertes extrêmement élevées.

Dans la nuit, également, nous avons pris d'assaut la totalité du village de Carency et le bois au nord (cote 125). La garnison qui tenait le village et le bois comprenait un bataillon du 109ᵉ régiment d'infanterie, un bataillon du 136ᵉ, un bataillon de chasseurs bavarois et six compagnies de pionniers à trois cents hommes chacune. Ces troupes avaient fait de Carency et du bois (cote 125) un réduit formidable. Bien que très diminuées par leurs pertes des jours précédents en morts, blessés et prisonniers, elles ont opposé toute la nuit à notre attaque, dans un dédale de blockhaus et de boyaux, une résistance désespérée; cette résistance a été brisée et, à l'aube, nous étions complètement maîtres de la position. Nos troupes ont tué à la baïonnette des centaines d'Allemands, fait mille cinquante prisonniers dont une trentaine d'officiers parmi lesquels un colonel et le commandant d'un bataillon de chasseurs.

A la sortie sud de Souchez, nos positions ont été violemment attaquées par l'ennemi; nous en sommes restés maîtres.

A Neuville, nos attaques sur le village et au nord ont sensiblement progressé.

Au nord, gagnant quelques centaines de mètres, nous nous sommes emparés du chemin dit des Carrières, qui va de Neuville à Givenchy.

Dans le village même, nous n'occupions hier matin que la partie sud, l'ennemi tenant encore le centre et le nord. Notre attaque, à la fin de l'aprè-midi, a enlevé, maison par maison, tout le centre de la localité: les Allemands sont rejetés dans l'extrémité nord que nous débordons.

Nos troupes ont été admirables d'ardeur et de ténacité.

Au bois Le Prêtre, nous avons conquis, hier, une nouvelle ligne de tranchées allemandes.

Deuxième Communiqué

L'armée belge, de nouveau attaquée la nuit dernière sur la rive droite de l'Yser, a repoussé l'ennemi qui a laissé en se retirant plusieurs centaines de morts sur le terrain.

Au nord d'Arras, nous avons obtenu de nouveaux et importants résultats.

La prise de Carency a fait tomber en notre pouvoir beaucoup de matériel qu'il n'a pas encore été possible de dénombrer complètement. On y compte deux canons de 77, un obusier de 105, deux mortiers de 21, une douzaine de lance-bombes, un grand nombre de mitrailleuses, trois mille fusils, de gros approvisionnements d'obus et de cartouches. Dans le bois de la cote 125, nous avons trouvé les cadavres de trois compagnies allemandes anéanties par notre artillerie. L'ennemi a bombardé Carency dans l'après-midi sans aucun résultat.

Maîtres de Carency, nous avons progressé vers le nord où nous nous sommes emparés d'Ablain-Saint-Nazaire, que nous tenons tout entier à l'exception de quelques maisons de la lisière est dans lesquelles la lutte continue. Nous avons fait plusieurs centaines de prisonniers. L'ennemi, en se retirant, a mis le feu à la moitié du village.

A Neuville-Saint-Vaast, nous avons enlevé de nouveaux groupes de maisons dans la partie nord du village. Le nombre des canons et obusiers de gros calibre pris est de 17.

En Argonne, à Bagatelle, nous avons repoussé deux attaques allemandes, l'une de nuit, la seconde de jour. Cette dernière a été très violente.

Le succès signalé ce matin au bois Le Prêtre nous a rendus maîtres de la dernière organisation allemande qui résistait encore dans ce bois. La totalité de la position est entre nos mains.

14 MAI 1915.

Nouveaux combats au nord d'Arras, les troupes françaises progressent dans Neuville-Saint-Vaast.

Situation des armées sur le front occidental

La bataille continue sans arrêt en Belgique et dans le nord de la France, malgré la pluie qui tombe sans discontinuer depuis le 13 au matin.

Notre offensive se continue malgré le mauvais état du terrain et malgré la résistance de l'ennemi qui ne cède que sous notre pression irrésistible et qui revient sans cesse à la charge avec les renforts qu'il reçoit par les nombreuses voies ferrées dont il dispose et par automobiles.

Dans la matinée d'aujourd'hui nous avons attaqué à droite et à gauche de la route Aix-Noulettes, Souchez, au sud-ouest d'Angres et nous nous sommes emparés, au sud de cette route, d'un bois très fortifié et des tranchées en arrière de ce bois.

Sur un autre point, à Neuville-Saint-Vaast, nous avons continué à nous emparer de nouvelles maisons. Les pertes ennemies sont extraordinairement élevées elles sont dues pour la plus grande part au feu terrible de notre artillerie.

La bataille continue également autour d'Ypres, les Allemands n'ayant pas renoncé au vain espoir de s'emparer de cette ville. Le communiqué anglais relate que l'ennemi a bombardé violemment le front anglais pendant la journée du 13 mai, principalement au nord de la route de Menin et que quelques tranchées ont été détruites, mais rétablies depuis.

Toutes les nouvelles qui parviennent du front sont très bonnes et les bulletins de victoires que nous recevons quotidiennement nous sont d'autant plus agréables que les Allemands prétendaient que leurs lignes étaient inviolables et que toute tentative de franchir ces lignes était vouée à un échec certain. L'expérience vient de nous démontrer le contraire. Dans la vallée de l'Aisne, nous avons détruit hier quatre de leurs blockhaus et rasé plusieurs tranchées.

Les Allemands ont tenté, le 14 au matin, une violente attaque au bois d'Ailly mais ils ont été refoulés et il est resté entre nos mains quelques prisonniers.

F. B.

Nouvelles diverses publiées par les journaux

— Il vient d'arriver à Toulon, par le paquebot *La France* un convoi de blessés provenant des Dardanelles, ils ont été répartis dans les divers hôpitaux de la ville.

— Le capitaine du vapeur anglais *Gollainie* qui vient d'arriver à Blyth prétend avoir coulé un sous-marin allemand dans la mer du Nord. Au large de la côte du Northumberland, les mécaniciens ont ressenti un grand choc et aussitôt après, une nappe d'huile fut aperçue à la surface de la mer.

— Un chalutier hollandais a été attaqué le 12 mai par un avion allemand qui lui a jeté trois bombes sans l'atteindre.

— Un avion allemand a survolé aujourd'hui Le Raincy. Nos avions lui ont donné la chasse et il a pris la fuite sans avoir lancé de projectiles.

— Les aviateurs alliés ont survolé hier la côte belge, jetant plusieurs bombes sur les batteries allemandes du littoral.

— A la suite du torpillage du *Lusitania* le roi d'Angleterre a rayé du tableau de l'ordre de la Jarretière, le Kaiser, l'empereur François-Joseph, le roi de Wurtemberg, le Kronprinz d'Allemagne, le duc de Hesse, le prince Henri de

Prusse, le duc de Saxe-Cobourg-Gotha et le duc de Cumberland.

En Russie. — La retraite autrichienne en Galicie orientale se transforme en véritable déroute, l'ennemi, après avoir évacué ses positions fortifiées entre la Bystritza et la frontière roumaine s'est replié au-delà de la Pruth. La cavalerie russe poursuit énergiquement les Autrichiens en retraite, elle avance sur Czernowitz et Kaloméa.

Dans la région Baltique, les Allemands reculent de Chavli sur Tauroggen.

En Turquie. — Un combat désespéré se poursuit entre Gallipoli et Maïdos. Le cuirassé *Queen-Elisabeth* embossé dans le golfe de Saros, bombarde sans interruption les positions turques.

Deux sous-marins anglais sont dans la mer de Marmara depuis trois semaines, ils ont coulé plusieurs navires entre Gallipoli et Constantinople. Un aéroplane anglais a survolé Constantinople le 13 mai, il y a semé une grande panique.

En Italie. — M. Salandra, président du conseil, interventionniste convaincu a remis hier au roi la démission du cabinet. L'émotion est considérable en Italie et de nombreuses manifestations en faveur de la guerre se sont produites dans plusieurs villes. En présence des manifestations populaires on pense que le roi n'acceptera pas la démission du cabinet.

Documents historiques, récits et anecdotes

LA BATAILLE D'ARRAS. — *Sur la route de Lille.* — Alors que l'offensive ennemie dans les Flandres belges a échoué, les contre-attaques des alliés au nord et au sud de La Bassée ont progressé remarquablement. Le saillant que les Allemands tiennent à La Bassée est la clé de Lille et couvre leurs lignes de communication jusqu'à l'Oise et l'Aisne.

Quand les Allemands étendirent leurs lignes au nord après la bataille d'Arras, dans les premiers jours d'octobre,

La Bassée fut leur premier objectif. Ils jetèrent un grand nombre de troupes dans la région et établirent de l'artillerie lourde sur les collines faiblement ondulées qui sont à l'est de la ville.

Depuis lors, ils ont toujours conservé avec ténacité cette position. Elle est le milieu d'une région industrielle minière, couverte de hautes cheminées, de murs en briques et de diverses clôtures, que les Allemands ont converties en fortes positions défensives, garnies de mitrailleuses.

Une attaque directe sur le saillant serait coûteuse, presque sans espoir. L'ennemi tient les crêtes au nord et au sud de la position et les a très fortement fortifiées. C'est la crête nord de la côte d'Aubers que les forces britanniques qui opèrent entre Festubert et le bois Grenier attaquent. Elles ont chassé l'ennemi des villages d'Aubers et de Fromelles; elles ont pris pied sur la hauteur. Pour le moment, elles sont encore tenues en échec, mais elles combattent avec acharnement.

La côte d'Aubers est le dernier obstacle sur la plaine qui mène à Lille. Les troupes indiennes s'en emparèrent rapidement. Après avoir emporté la première ligne de tranchées allemandes sur la côte, les troupes furent surprises par des mitrailleuses dissimulées, si habilement placées qu'elles purent échapper à la dévastation générale causée par le bombardement. Ouvrant le feu sur nous à bout portant elles rendirent notre position intenable; nous dûmes nous contenter de prendre pied sur les pentes inférieures de la crête. Les troupes indiennes avaient souffert gravement ainsi que les troupes anglaises envoyées en soutien.

Pour faire face à l'attaque, les Allemands avaient amené de grandes masses de troupes concentrées à Lille. Les tranchées allemandes étaient cimentées, garnies de plaques d'acier, si bien que le tir de l'artillerie ne les avait endommagées que très peu et même le réseau de fils de fer était presque intact.

L'ennemi avait eu aussi recours à un stratagème: il avait

laissé les deux premières lignes de tranchées à-peu près vides d'hommes pendant le bombardement et attendait l'infanterie dans sa troisième ligne. En même temps, les fameux champs de briques dont cette partie du pays est couverte, avaient été transformés en véritables nids à mitrailles. Néanmoins nous fûmes presque sur le point d'emporter la position; si nous avions eu des renforts sous la main, nous y serions arrivés. Quoi qu'il en soit, nous avons non seulement infligé de grosses pertes à l'ennemi, mais nous avons fait un grand nombre de prisonniers.

Dépêches officielles

Premier Communiqué

La pluie tombe sans arrêt depuis hier matin. Cette nuit nous avons enlevé, malgré un terrain difficile et glissant, plusieurs tranchées allemandes au sud-ouest de Souchez, et maintenu sur le reste du front Loos-Arras tous nos gains des journées précédentes.

Dans la vallée de l'Aisne, nous avons détruit quatre blockhaus allemands et rasé plusieurs tranchées.

Deuxième Communiqué

Au nord d'Arras, l'état du terrain a rendu les actions difficiles; notre offensive a cependant continué.

Au sud-ouest d'Angres, nous avons attaqué à cheval sur la route Aix-Noulettes-Souchez, enlevé au nord de cette route une forte tranchée allemande d'un kilomètre de front, au sud de cette route un bois organisé, et en arrière de ce bois une tranchée de deuxième ligne; 400 cadavres allemands ont été trouvés sur le terrain.

Plus au sud, nous avons poursuivi le nettoyage des pentes est et sud de Lorette. A Neuville-Saint-Vaast, nous avons enlevé de nouvelles maisons. Notre artillerie a infligé à l'ennemi, d'après le témoignage des prisonniers, des pertes extrêmement fortes.

Le nombre des officiers faits prisonniers depuis dimanche est d'une centaine. Celui des canons pris est de 20, dont 8 pièces lourdes; nous avons en outre capturé 100 mitrailleuses et lance-bombes.

Les Allemands nous ont attaqué ce matin au bois d'Ailly; après avoir pris pied un moment dans notre première ligne, ils ont été rejetés par notre contre-attaque; nous avons fait une centaine de prisonniers.

Journée calme sur le reste du front.

---

15 MAI 1915

Les troupes françaises réoccupent Steenstraete, rive droite du canal de l'Yser. — Nouveaux progrès à Neuville-Saint-Vaast.

Situation des armées sur le front occidental

Les troupes françaises poursuivent leur action dans le secteur au nord d'Arras où les combats conservent toute leur opiniâtreté des jours précédents. C'est à Notre-Dame-de-Lorette que la lutte paraît avoir le plus d'intensité. Nous avons réussi à nous débarrasser de la pression exercée par les Allemands sur cette position et dans la matinée du 15 mai nos progrès dans la direction du nord de la sucrerie de Souchez se sont accentués. Nous avons également continué à conquérir la localité de Neuville-Saint-Vaast et nous avons enlevé plusieurs groupes de maisons dans la partie nord.

La bataille d'Ypres se continue et les Anglais se maintiennent sur leurs positions malgré les violentes attaques allemandes. L'ennemi quoique découragé et sérieusement affaibli — on évalue ses pertes, dans les dix derniers jours seulement, à 45.000 hommes — ne désespère cependant pas encore. L'ordre de s'emparer d'Ypres à tout prix est toujours en vigueur et une bataille sanglante se livre à l'est des ruines d'Ypres.

Les troupes françaises ont aujourd'hui infligé un échec sérieux aux Allemands, au nord d'Ypres; après de brillantes attaques, ils se sont emparés de la partie de Steenstraete qui se trouve à l'ouest du canal de l'Yser et du pont sur le canal. Les Allemands ont ainsi perdu le dernier pont qu'ils occupaient encore sur la rive gauche du canal.

Nous avons également progressé sur la rive droite du canal de l'Yser et nous avons enlevé plusieurs tranchées allemandes en avant de Het-Sas.

Au nord-ouest de Pont-à-Mousson, au-delà du bois Le Prêtre qui est complètement en notre possession, nous avons avancé dans la plaine, afin d'organiser notre nouvelle ligne de défense et nous avons fait une cinquantaine de prisonniers.

Toutes ces opérations coordonnées forment un beau succès à l'actif de nos vaillantes troupes.

F. B.

Nouvelles diverses publiées par les journaux

— On annonce que de graves désordres se sont produits au Portugal. Une révolte contre le Gouvernement a éclaté à Lisbonne, Coimbre, Porto, Santarem. Le mouvement insurrectionnel est dirigé par l'escadre mouillée dans le Tage, qui a bombardé Lisbonne. À la dernière heure on apprend que l'insurrection est maîtrisée et que tout va rentrer dans l'ordre.

— Un télégramme de Londres fait connaître que le vapeur danois *Martha* a été coulé par un sous-marin allemand près d'Aberdeen.

— Le Président de la République Française a nommé grands officiers de la Légion d'honneur les généraux anglais Smith Dorrien et Hay.

— On annonce de New-York qu'à la suite de la mort de M. Vanderbilt dans le torpillage du *Lusitania* un groupe de milliardaires a décidé de soutenir la cause des alliés. « L'Angleterre n'a qu'à nous dire, a déclaré l'un d'eux, quelle somme elle désire et quand elle en aura besoin. »

— L'Américain M. Rockefeller, vient d'envoyer au président de la Croix-Rouge serbe, une somme de 35 millions, à titre de don, pour les besoins de cette société.

— On annonce de Varsovie que l'archiduc héritier d'Autriche a été victime d'un attentat, au cours d'un récent combat dans les Carpathes. Il a été grièvement blessé par un éclat de bombe. Il a été transporté à Konopicht, Bohême, dans un état inquiétant.

En Russie. — Chaque jour apporte une nouvelle preuve que l'offensive allemande en Galicie occidentale a perdu toute sa force et les opérations sont calmes. Les Russes en profitent pour prononcer une sérieuse offensive à leur aile gauche. Le grand duc Nicolas, généralissime, manifeste son entière confiance dans l'issue des opérations.

En Turquie. — Les alliés ont remporté une série de succès dans la péninsule de Gallipoli. Un combat acharné s'est livré pendant six heures sur les hauteurs de Krithia.

On annonce la présence d'un sous-marin allemand en méditerranée, il aurait été aperçu entre Cavadoros et Andros.

En Italie. — Un télégramme de Rome, 15 mai, annonce que le refus par le roi de la démission de M. Salandra est confirmé. Le ministère va donc poursuivre sa politique interventionniste en s'adjoignant quelques nouveaux membres afin de faire l'union des partis.

Documents historiques, récits et anecdotes

UN COMBATTANT RACONTE LA PRISE DE NOTRE-DAME-DE-LORETTE. — Le samedi 8 mai, à 7 heures du soir, nous partons d'Hersin. Depuis 2 jours, nous savons que notre bataillon et le ...ᵉ chasseurs doivent prendre d'assaut le fameux plateau de Notre-Dame-de-Lorette.

Un délire soudain s'empare de chaque homme; enfin! nous allons sortir de notre torpeur. Cette guerre de tranchées est incompatible avec notre caractère. Nous préférons l'assaut, ses imprévus, les retours offensifs de l'ennemi, la lutte chaude à l'arme blanche ou à coups de grenade, aux heures de torpeur, aux journées entières passées dans nos terriers, recevant les coups, sans pouvoir les rendre. Aussi, est-ce d'un cœur léger que nous quittons Hersin.

Nous arrivons à Bouvigny; dans les bois nous laissons nos sacs. Le commandant nous rassemble et nous trace notre travail: Pas de paroles superflues: « Faites votre devoir, mes enfants, la besogne est dure; il faut prendre le plateau, nous le prendrons. »

A une heure du matin, par les boyaux, nous arrivons aux tranchées, face aux Boches. En attendant le bal, nous nous couchons à même la terre, mais personne ne dort. A 6 heures, un ronflement connu traverse l'air, c'est un obus de 105 qui passe. Tir de réglage pour l'artillerie. Nous sommes énervés.

A huit heures, comme sous le coup d'une baguette magique, l'attaque se déclanche. Grosses pièces, pièces de montagne, 75 et son hurlement sauvage, torpilles aériennes, tout y est. La terre tremble sur le plateau; on croirait à un cataclysme.

Assourdis par les éclatements, les sifflements stridents, nous sommes là, debouts, baïonnettes aux canons, attendant, haletants, que la rafale s'arrête pour entrer en action. Pendant deux heures, c'est un ouragan de fer et de feu, un arrosage extraordinaire des positions prussiennes. A dix heures, enfin, c'est notre tour.

L'artillerie tire encore; nous avons pris la première tranchée; d'un seul bond, nous arrivons à la deuxième; ne trouvant personne nous volons sur la troisième. Terrés comme des renards, les Prussiens sont encore là; ils nous appellent. « Kamarades! Kamarades! » et, à bout portant, déchargent leurs revolvers. Nous les embrochons. D'autres compagnies arrivent derrière nous pour procéder au nettoyage des tranchées prises et faire des prisonniers.

Nous repartons une poignée d'hommes à l'assaut de la 4e ligne de défense; abandonnée comme les autres, celle-ci tombe entre nos mains. Nous sommes là une trentaine de poilus ayant échappé au feu des mitrailleuses. Nous nous regardons, mais pas longtemps. Soudain, des flancs et de face, les Boches contre-attaquent furieusement. Sans un mot, chacun prend sa place au parapet et ouvre un feu meurtrier sur l'ennemi.

Un ouragan d'acier passe sur nos têtes, sans nous émouvoir et sachant l'importance attachée à notre coin, nous ripostons et les Boches reculent, enfin, laissant de nombreux morts sur le terrain. Nous restons là seize.

Pendant deux jours nous fûmes contre-attaqués, désespérément, mais chacun de nous avait la volonté de vaincre. Tous, sans forfanterie, nous avions fait le sacrifice de notre vie. De notre poste avancé nous voyions la bataille se dérouler dans la plaine. Nuits féériques! inoubliables heures vécues là, sur le plateau conquis, découvrant les plaines de Lens, à perte de vue! Vainqueurs, nous étions heureux, l'artillerie prussienne, crachant la mort sur ce plateau, nous laissait froids et indifférents.

Je suis blessé à une heure du matin, le 11 mai, et c'est le cœur bien gros que je laissais mes camarades dont j'avais pris le commandement.

Quitter ce coin si chèrement acquis, avant de voir la

déroute complète, m'était pénible, surtout que j'avais encore bien des morts à venger.

Maintenant, Lorette est à nous; le long cauchemar de cette campagne d'hiver est dissipé. Je suis heureux d'avoir participé à la prise de ces fortins à jamais célèbres. — (Du *Petit Journal*.)

Dépêches officielles
Premier Communiqué

Pas de changements depuis hier soir dans le secteur au nord d'Arras où la lutte continue dans les conditions indiquées par le dernier communiqué. Nous avons progressé de cinq cents mètres dans la direction Sucrerie de Souchez. Violent bombardement réciproque dans tout ce secteur.

Deuxième Communiqué

Au nord d'Ypres, nous avons infligé un échec à l'ennemi; nos troupes ont enlevé plusieurs tranchées en avant de Het-Sas. En même temps elles se sont emparées de la partie de Streenstraete à l'ouest du canal et du pont sur le canal; elles ont pris trois mitrailleuses et fait une cinquantaine de prisonniers, dont un officier.

Au nord d'Arras, le combat a continué et nous a permis de nouveaux progrès.

Au sud-est de Notre-Dame-de-Lorette, notre attaque a débordé par le nord la sucrerie de Souchez, et s'en est rapproché à l'ouest; nous avons, d'autre part, repoussé une contre-attaque sur les pentes sud de Lorette.

A Neuville-Saint-Vaast, nous avons continué la conquête de la partie nord du village et enlevé plusieurs groupes de maisons.

Au nord-ouest de Pont-à-Mousson, dans la plaine voisine du bois Le Prêtre, nous avons fait une cinquantaine de prisonniers, dont un officier.

Sur le reste du front, rien n'a été signalé.

16 MAI 1915

Les Anglais progressent dans la direction de la Quinque-Rue. — Victoire française au nord-ouest de Ville-sur-Tourbe.

Situation des armées sur le front occidental

Nos opérations en Artois ont été très actives dans la journée du 16 mai et nous avons poursuivi notre offensive avec la plus grande énergie, malgré la ténacité de l'adversaire auquel il fallait arracher ses positions pied à pied. Les hauteurs de Notre-Dame-de-Lorette ont été à nouveau assaillies par les Allemands et, pendant toute la nuit du 15 mai, le combat n'a pas cessé un seul instant. Nous avons malgré cela progressé un peu dans la direction de Souchez. A Neuville-Saint-Vaast, après avoir résisté à une attaque de nuit, nous avons enlevé de nouveaux groupes de maisons dans la partie nord du village.

Une véritable bataille s'est engagée sur le front anglais au nord-ouest de La Bassée, entre Richebourg-l'Avoué et la Quinque-Rue. Elle a commencé dans la nuit du 15 au 16 mai, elle s'est continuée pendant la journée du 16 dans des conditions très avantageuses pour les troupes britanniques et les Allemands ont subi un échec qui leur a coûté des pertes très élevées. Au sud-ouest de Richebourg-l'Avoué les Anglais ont enlevé un kilomètre de tranchées et au nord-est de Festubert 1.500 mètres environ, puis ils ont progressé dans la direction de la Quinque-Rue et gagné 1.500 mètres en profondeur. Le communiqué de 23 heures fait connaître que le progrès continue.

Les troupes françaises qui se sont emparées hier de Steenstraete ont été attaquées par les Allemands pendant la nuit du 15 mai et pendant l'après-midi du 16, mais l'attaque la plus violente s'est produite le 16 au lever du jour, elle a été comme toutes les autres, victorieusement repoussée et les Allemands ont laissé entre nos mains six mitrailleuses et un lance-bombes.

Nous avons aussi remporté un brillant succès au nord-ouest de Ville-sur-Tourbe, en Champagne. Les Allemands, après avoir fait exploser une mine, ont attaqué, avec l'effectif d'un demi-régiment et ont pris pied dans nos lignes, mais deux contre-attaques successives nous ont rendus maîtres du terrain évacué et tout l'effectif allemand a été tué ou fait prisonnier.

F. B.

Nouvelles diverses publiées par les journaux

— Un télégramme de Hambourg annonce que le vapeur suédois *Bjœrn* chargé d'une cargaison de minerai pour Londres a été saisi et amené à Hambourg.

— Un avion allemand a survolé Châlons-sur-Marne le 15 mai, il a jeté cinq bombes qui sont tombées au nord de la ville, derrière l'asile des aliénés. Il y a peu de dégâts matériels et aucun accident de personne.

— Un avion allemand a survolé Ecouen, mais il a été chassé par les avions du camp retranché de Paris.

— Le roi des Belges vient d'accorder plusieurs décorations pour services rendus aux armées alliées. Ont été nommés dans l'ordre de Léopold. Grand cordon: MM. Millerand, lord Kitchener, le général Fock et le maréchal French; Grands-officiers: MM. le général Belin, Baquet, le général Pelé, les aides-majors généraux Nudant et Hellet; Commandeur: M. Schneider; Officiers: MM. les lieutenants-colonels Depuis, Peindren, Walsch, Dufleux, Rampont, Gamelon, Semen, Mangin, Bel, le capitaine Laurens, Fournier; Chevaliers: MM. les capitaines Pellicet, Blanc, Muller, Moiran, Thouzellier, Riquin, Fournier et le lieutenant Pakler.

— On annonce d'Amsterdam que Mme Carton de Wiart,

femme du ministre de la justice de Belgique, dénoncée par des espions allemands comme ayant entretenu une correspondance avec son mari, a été arrêtée en Belgique, puis relâchée provisoirement, mais elle est tenue de se présenter tous les matins au quartier général.

En Russie. — Il n'est signalé aucun événement important sur le front oriental. La Bukovine est à nouveau sérieusement menacée par les armées russes.

En Turquie. — On annonce de Mytilène que des troupes fraîches ont été débarquées le 13 mai. Les alliés progressent dans le secteur de Gaba-Tepe, brisent la résistance désespérée des Turcs et font de nombreux prisonniers. Ceux-ci déclarent que l'armée turque manque de munitions.

En Italie. — La crise ministérielle n'a pas interrompu les préparatifs militaires. De nombreux détachements partent pour Vérone où a lieu une concentration de troupes destinées à garantir la frontière du Tyrol. On évalue à 1 million 700.000 le nombre des soldats actuellement mobilisés.

Le trafic italo-allemand par les chemins de fer est presque complètement interrompu.

Les préparatifs militaires se continuent également en Autriche et le corps d'armée de Graz est concentré dans le Carso.

Documents historiques, récits et anecdotes

LA REINE DES BELGES DANS LES TRANCHÉES. — La chose se passa pendant la récente visite de la reine aux tranchées belges de l'Yser.

Les soldats de l'une de ces tranchées reconnurent la reine, et l'un d'eux lui dit: « Partez, Madame, rentrez chez vous. » Un autre observa que l'endroit était dangereux pour une femme: « Pas pour moi, répondit la reine, je suis si petite. » Un soldat prit alors un sac et le plaça à un endroit en pente de la tranchée. La royale visiteuse s'assit alors sur le sac et se mit à distribuer du chocolat et des cigarettes qu'elle avait apportés, et elle riait de bon cœur des plaisanteries des soldats.

Un moment après, un officier apparut et, en reconnaissant Sa Majesté, il s'écria: « Oh! la reine! » Tous les soldats naturellement se levèrent et prirent une attitude attentive et respectueuse. Un moment après la reine Elisabeth souhaitait bonne chance aux soldats et quittait la tranchée.

Les soldats ont écrit sur le sac où la reine s'est assise les mots suivants: « Le lieu de repos de la reine. » On demanda au soldat à qui le sac appartenait s'il voulait le vendre comme souvenir; il répondit: « Pas pour des milliers de francs! »

Dépêches officielles

Premier Communiqué

En Belgique, l'ennemi a prononcé cette nuit trois contre-attaques contre Steenstraete et ses environs. La troisième qui s'est produite au lever du jour a été particulièrement violente. Les assaillants ont été repoussés et ont subi de grosses pertes. Nous avons pris, hier, six mitrailleuses et un lance-bombes.

Au nord de La Bassée, entre Richebourg-l'Avoué et la Quinque-Rue, les troupes britanniques ont enlevé cette nuit plusieurs tranchées allemandes.

Au nord d'Arras, on s'est battu toute la nuit avec acharnement. Sur les pentes est et sud de Lorette, un dur combat à coups de grenades nous a permis quelques progrès.

A Neuville, l'ennemi a cherché en vain à nous reprendre les maisons dont nous nous étions emparés dans la journée. Il n'a pas pu reconquérir non plus les tranchées que nous lui avions enlevées à l'extérieur du village.

Sur le reste du front, rien à signaler.

Deuxième Communiqué

Dans l'après-midi d'aujourd'hui, nous avons repoussé à Steenstraete, avec plein succès, une quatrième contre-attaque allemande; nous avons conservé toutes les positions conquises hier et consolidé notre gain, dont le violent effort de l'ennemi souligne l'importance.

Plus au sud, les troupes britanniques ont infligé aux Allemands un sérieux échec: elles ont enlevé, au sud-ouest de Richebourg-l'Avoué, un kilomètre de tranchées; en même temps, au nord-est de Festubert, elles se sont emparées de 1.500 mètres de tranchées. Cette seconde attaque a ensuite progressé dans la direction de la Quinque-Rue et, sur un front de 600 mètres, a gagné 1.500 mètres de profondeur. Les pertes allemandes sont très élevées. Le progrès des troupes britanniques continue. —

Dans le secteur au nord d'Arras, nous avons poursuivi les diverses actions destinées à consolider notre nouveau front en chassant l'ennemi des quelques points où il est resté accroché. Nos troupes font preuve dans cette lutte pied à pied d'une énergie tenace.

Nous avons gagné 200 mètres sur l'éperon qui descend du plateau de Lorette vers la sucrerie de Souchez.

Nous avons enlevé de nouvelles maisons dans la partie nord de Neuville, fait exploser un ballon captif allemand à l'est de Vimy et fait bombarder par nos avions la gare de Somain.

En Champagne, au nord-ouest de Ville-sur-Tourbe, une action toute locale nous a valu un très brillant succès.

Dans la nuit de samedi à dimanche, l'ennemi a fait exploser une mine en arrière de notre première ligne. Huit compagnies allemandes se sont précipitées sur nos positions et y ont pris pied dans un saillant; nous avons immédiatement contre-attaqué et reconquis une partie du terrain perdu en faisant soixante-dix-sept prisonniers, dont trois officiers. Dans la journée, nous avons prononcé une seconde contre-attaque. Cette contre-attaque menée avec beaucoup d'élan, à la baïonnette et à coups de grenades, nous a rendu la totalité de la position.

L'ennemi a subi des pertes énormes constatées par nous

avec certitude; dans les tranchées et sur les parapets nous avons, en effet, trouvé plus de mille cadavres allemands; nous avons fait d'autre part, 300 prisonniers, dont 9 officiers, et pris six mitrailleuses, c'est donc la presque totalité de l'effectif d'attaque qui est restée entre nos mains ou sur le terrain.

17 MAI 1915

Nouveaux progrès des Français en Belgique, au nord de Het-Sas. — Les Anglais progressent au nord de La Bassée. — Nouveau raid des zeppelins sur les côtes anglaises. — Les Russes reculent sur le San et progressent en Bukovine.

Situation des armées sur le front occidental

La tentative allemande sur Ypres n'aura, cette fois encore, abouti qu'à un désastre pour l'envahisseur. Les troupes françaises chargées de la défense du secteur du nord de la ville continuent à progresser et à reprendre peu à peu le terrain qu'elles avaient perdu. Les communiqués officiels du 17 mai nous disent que dans la région au nord de Het-Sas, nous avons dépassé la première ligne de tranchées allemandes et fait 145 prisonniers.

Les troupes anglaises, après avoir résisté à de violentes contre-attaques dans la nuit du 16 au 17 mai ont repris, dans la matinée du 17, leur offensive dans la région au nord de La Bassée et le communiqué officiel du maréchal French dit qu'au sud de Richebourg, l'armée anglaise a pris toutes les tranchées allemandes sur un front de 2 kilomètres. Plusieurs détachements allemands se sont rendus. L'artillerie allemande a tiré sur un des détachements qui capitulait et l'a anéanti. Les progrès des alliés inquiètent beaucoup les Allemands, ils prétendent que Lille est l'objectif des opérations qui se déroulent entre Armentières et Arras et ils s'efforcent de mettre Lille en état de défense.

Notre offensive au nord d'Arras a subi un léger ralentissement par suite du mauvais temps de ces derniers jours et en raison des renforts considérables reçus par l'ennemi. La lutte continue cependant et les Allemands qui contre-attaquent furieusement éprouvent des pertes énormes sans obtenir le plus petit avantage.

Sur les autres parties du front, le communiqué de 23 heures signale quelques opérations locales qui sont toutes à notre avantage.

Une attaque allemande contre nos positions de la Ville-au-Bois, près de Berry-au-Bac a été repoussée.

Une autre attaque dessinée par deux bataillons contre nos nouvelles positions des lisières du bois Le Prêtre a été arrêtée net.

Nous avons attaqué nous-mêmes au bois d'Ailly, nous avons enlevé plusieurs tranchées allemandes, fait 250 prisonniers et pris 3 mitrailleuses. Sur l'ensemble du front nous pouvons être satisfaits des résultats obtenus.

F. B.

Nouvelles diverses publiées par les journaux

— Les troubles ont recommencé en Portugal, à la suite de la tentative d'assassinat sur M. Joao Chagas qui se rendait à Lisbonne pour prendre la présidence du Conseil.

— On télégraphie de Londres qu'aujourd'hui, 17 mai, vers 2 heures du matin, un zeppelin a jeté 40 bombes sur Ramsgate (Angleterre). Un hôtel a été détruit et deux personnes grièvement blessées. Un zeppelin a essayé de survoler Douvres mais il a été éloigné par les canons.

— Un zeppelin a survolé Calais vers minuit et demi, il a été chassé par nos canons mais il a pu jeter de nombreuses bombes qui ont détruit deux ou trois maisons et tué une femme et deux enfants. On croit que c'est ce même zeppelin qui a ensuite fait route vers l'Angleterre.

— On annonce de Rotterdam qu'un zeppelin a été détruit la semaine dernière, près d'Alost (Belgique) par une escadrille alliée. Les aéroplanes attaquèrent le zeppelin qui tomba de 1.000 mètres. L'équipage fut tué. Des milliers de Belges assistèrent au combat.

— Le transatlantique anglais *Transylvania* venant d'Amérique est arrivé à Grecnock (Ecosse). Les Allemands avaient annoncé qu'ils torpilleraient ce navire comme ils ont torpillé le *Lusitania*. C'est pour cette raison que le *Transylvania* qui devait se diriger sur Liverpool a changé de route et s'est dirigé sur Grecnock.

— On annonce que le chef d'état-major du 18e corps allemand, von Blücher, a été tué sur le champ de bataille.

— Un nouveau torpilleur allemand vient d'être amené à Zeebrugge par le canal de Gand. Il a été construit à Anvers.

En Russie. — On annonce une grande victoire russe en Bukovine, les Autrichiens sont en pleine déroute, on estime à 20.000 hommes le nombre des prisonniers. La nouvelle offensive russe en Galicie orientale a pour but la conquête des territoires roumains d'Autriche-Hongrie. L'armée russe est forte de 250.000 hommes.

On annonce de Pétrograd que deux millions de soldats russes sont actuellement en marche vers le front. C'est grâce à l'ouverture du port d'Arkangel que la Russie a pu recevoir d'immenses quantités de munitions, fusils, mitrailleuses, canons, etc.

En Turquie. — L'avance des troupes alliées est lente en raison de ce qu'il leur faut enlever les tranchées turques qui sont défendues par des fils de fer barbelés. Le bombardement naval continue et le feu des navires est concentré sur les défenses du goulet. La garnison de Constantinople a été renforcée de 10.000 hommes.

On annonce de Bucarest que le *Breslau* au cours de sa sortie de Sulina à Varna a coulé le vapeur bulgare *Varna*. Un navire anglais a réussi à s'échapper.

Documents historiques, récits et anecdotes

LA TROISIÈME BATAILLE D'YPRES. — Avec le début de la contre-offensive effectuée samedi et l'avance des Français sur la gauche anglaise, on peut espérer que la troisième bataille d'Ypres entre dans une nouvelle phase. Pendant que les Français s'avançaient sur Het-Sas, les Belges poussaient en avant des patrouilles sur le rivage de la mer et sous la protection des canons des navires anglais, développaient en même temps une sortie heureuse de ce qui peut être appelé « le château de sable » dans les dunes.

Le changement qui est résulté de ces opérations procure un grand soulagement aux troupes placées sur la droite de cette avance. Il oblige l'infanterie allemande à faire face.

On ne peut comprendre la troisième bataille d'Ypres à moins de s'être rendu compte du très petit rôle que jouent les soldats de l'ennemi. Pendant bien des jours, les Allemands sur le front d'Ypres avaient fait tomber sur les tranchées et leurs approches des obus et des shrapnells sans essayer une seule attaque d'infanterie. Nos hommes ne savaient pas s'ils avaient devant eux beaucoup ou peu d'Allemands, ils savaient seulement que quelque part devant leur front et hors de leur vue il y avait des canons de toute espèce et que les artilleurs allemands, avec la précision scientifique de leur nation, avaient repéré chaque point grâce aux plus parfaits instruments techniques.

L'endurance de nos soldats va bientôt avoir sa récompense, car il est hors de doute que la force d'attaque de l'infanterie allemande diminue et qu'en même temps la puissance de leur artillerie augmente. Il y a des raisons de

croire qu'en attaquant Ypres, les Allemands, voulaient surtout justifier leur annexion d'Ypres, car Ypres est la capi-
tale nominale de la dernière partie de la Belgique.

Sa conquête aurait pu être considérée par l'ennemi
comme plus importante encore qu'une avance sur Dunkerque et Calais; mais l'ennemi ne fit jamais avancer des
forces suffisantes pour profiter du bombardement effectué
par son artillerie, quoiqu'il ait été le plus violent et le plus
long de toute la guerre.

L'artillerie anglaise coopéra avec l'aide gauche des Français et grâce aux efforts réunis des alliés, une force de près
de 5.000 Allemands se trouve dans une position très grave.

Dépêches officielles

Premier Communiqué

Dans la région de Het-Sas, nos progrès ont continué;
nous avons enlevé hier soir une maison fortement orga-
nisée par l'ennemi et dépassé, sur la rive est du canal, la
première ligne allemande, en faisant cent quarante-cinq
prisonniers et en prenant quatre mitrailleuses; une contre-
attaque ennemie a complètement échoué.

Rien de nouveau au nord d'Arras, où la pluie a recommencé à tomber, si ce n'est une lutte extrêmement violente
d'artillerie dans la région de Lorette et l'échec sanglant
infligé dans cette même région à quatre contre-attaques
allemandes qui ont subi de lourdes pertes.

Sur le reste du front, rien n'a été signalé.

Sur l'Oise, près de Bailly, les Allemands, pour impressionner sans doute nos tirailleurs, ont placé devant nos lignes
un drapeau ottoman vert avec le croissant. Nos troupes
africaines ont répondu aussitôt à cette provocation en
abattant le drapeau à coups de fusil; un tirailleur est
ensuite allé le chercher et l'a apporté dans nos lignes.

Deuxième Communiqué

En Belgique, l'ennemi, menacé par nos attaques heureuses des jours précédents d'un enveloppement complet, a évacué la nuit dernière les positions qu'il occupait encore à l'ouest du canal de l'Yser. Nous avons d'autre part maintenu tous nos gains sur la rive est.

Au nord de La Bassée, les troupes britanniques, très fortement contre-attaquées dans la nuit de dimanche à lundi, ont victorieusement continué à combattre dans la journée de lundi. Elles ont enlevé plusieurs tranchées allemandes et infligé à l'ennemi des pertes très élevées. Un groupe de 700 Allemands, pris entre le feu des mitrailleuses anglaises et celui de leur propre artillerie, a été exterminé tout entier sous un feu croisé.

Nos alliés ont fait un millier de prisonniers et pris des mitrailleuses.

Au nord d'Arras, une brume épaisse a régné toute la journée, empêchant de part et d'autre toute action importante. La lutte continue néanmoins très vive, sur les pentes de Lorette particulièrement; nous y avons repoussé toutes les contre-attaques allemandes.

A la Ville-au-Bois, près de Berry-au-Bac, l'ennemi a attaqué nos tranchées et a été immédiatement arrêté.

Le nombre des prisonniers non blessés faits par nous dimanche, dans l'affaire de Ville-sur-Tourbe, est de 350, plus 50 blessés.

Ce matin, au petit jour, nous avons prononcé une attaque au bois d'Ailly, enlevé plusieurs ouvrages allemands, pris 3 mitrailleuses et fait 250 prisonniers, dont plusieurs officiers.

Aux lisières du bois Le-Prêtre, deux bataillons allemands ont tenté à trois reprises de sortir de leurs tranchées; nos feux les ont arrêtés net.

18 MAI 1915

Progrès des troupes françaises vers Ablain-Saint-Nazaire. — Nouveau bombardement d'Arras. — La flotte russe de la mer Noire coule 4 vapeurs et 20 voiliers.

Situation des armées sur le front occidental

Le mauvais temps est venu, sinon interrompre nos opérations dans le Nord de la France, tout au moins les ralentir d'une façon sensible. Ce ralentissement va permettre à l'ennemi de renforcer ses nouvelles positions et d'offrir une résistance beaucoup plus grande à notre avance.

Il n'en résulte pas moins que depuis quelques jours nous avons obtenu de fort beaux résultats et que notre supériorité sur les troupes allemandes s'affirme de plus en plus. Les Anglais paraissent également prendre de l'ascendant sur l'adversaire et leur dernière action sur la Quinque-Rue leur a donné l'avantage de redresser leur front au nord de La Bassée.

Les communiqués d'aujourd'hui nous donnent quelques détails sur les opérations des 16 et 17 mai sur les rives du canal de l'Yser. La lutte a été chaude, puisque sur le terrain conquis nous avons trouvé 2.000 morts. Dans la nuit du 17 au 18, les Allemands ont contre-attaqué mais sans succès. Ils ont attaqué également au nord de Notre-Dame-de-Lorette, mais ils ont été repoussés. Il est du reste de toute évidence que si l'état du terrain est mauvais pour nous, il ne doit pas leur être bien favorable pour la réussite des contre-attaques ennemies.

Il est dit dans le communiqué de 15 heures que nous avons réalisé une légère avance près du cimetière d'Ablain.

Il est une chose dont les communiqués ne parlent pas mais qui nous parvient par les journaux suisses.

Les Français ont de nouveau pris l'offensive par la vallée la Largue, ils attaquent vaillamment les positions allemandes. Chaque soir des projecteurs éclairent le ciel à la recherche des avions. A plusieurs reprises, ces jours derniers, les avions alliés ont causé des dégâts matériels importants. Les Allemands ont abattu près de Strasbourg un biplan français monté par un lieutenant et un sergent qui ont été faits prisonniers.

La canonnade est très forte dans les Vosges ce qui semble indiquer qu'une offensive se prépare dans cette région.

Sur l'ensemble du front, les nouvelles sont donc toujours très bonnes, aussi bonnes qu'il est possible de désirer.

F. B.

Nouvelles diverses publiées par les journaux

— On apprend la mort du général de brigade français Paul Stirn, tué à l'ennemi le 12 mai.

— Il se confirme qu'un transport allemand a été coulé par un sous-marin russe, non loin de Libau (Baltique); il avait à bord des troupes, des canons de campagne et des munitions.

— On annonce d'Amsterdam qu'un navire allemand venant d'Anvers est arrivé à Hansweert, province de Zeeland, où il a été interné.

— On télégraphie de New-York que le croiseur allemand *Carlsruhe* est passé le long de la côte de Virginie. Il y a tout lieu de croire qu'il se rend à Newport-News, pour se faire interner avec les deux autres croiseurs allemands qui sont dans ce port.

— M. Millerand, ministre de la guerre, est rentré hier, 17 mai, à Paris, il arrive du front où il a passé deux jours. Il a manifesté aux officiers généraux toute sa satisfaction.

En Russie. — Une nouvelle sensationnelle est parvenue par la voie des journaux mais elle n'a pas encore été confirmée par les communiqués de l'état-major. L'armée russe de Bukovine se serait emparée de Czernowitz et le front austro-allemand aurait été percé à Stanislau. Il est une chose certaine, c'est que sur tout le front les armées ennemies sont contraintes à la défensive. Dans les provinces baltiques, les Allemands ont été refoulés avec de grosses pertes dans la région de Chavli. Sur le San des combats sont engagés sur le front Lezakhoff-Iaroslaw. Au sud de Przemysl l'ennemi ne maintient le contact que par des patrouilles à cheval. Sur le Pruth, les troupes russes ont atteint la voie ferrée de Délatyn à Koloméa.

En Turquie. — La flotte russe de la mer Noire a coulé le 15 mai quatre vapeurs turcs chargés et vingt voiliers.

Le général Gouraud est arrivé aux Dardanelles et a pris le commandement du corps expéditionnaire français.

Le général Liman von Sanders a transporté son quartier général de Gallipoli à Kodosto.

Les combats dans les Dardanelles continuent avec acharnement, les troupes alliées concentrent leurs efforts en vue de s'emparer de deux hauteurs dominant le goulet.

La situation économique de la Turquie est précaire, le ravitaillement est rendu très difficile par suite de l'arrêt de la circulation sur les voies ferrées.

En Italie. — On télégraphie à la dernière heure que les ambassadeurs d'Allemagne et d'Autriche ont demandé des explications verbales au gouvernement italien sur son attitude. Les ministres délibèrent. On croit à une rupture diplomatique immédiate.

Documents historiques, récits et anecdotes

LA FRANCE N'A BESOIN QUE D'EXISTER. — Commentant l'engagement récent d'un Américain dans le corps des aviateurs français, le *Chicago Herald* écrit:

« On entend souvent parler d'étrangers qui se battent pour la France, on n'entend jamais parler d'étrangers le faisant pour l'Angleterre, la Russie, l'Allemagne, l'Autriche. Aucune de ces nations ne peut se flatter de posséder une légion étrangère. C'est toujours pour la France que les étrangers se battent. Et pourquoi? Il n'y a qu'une seule réponse: parce que c'est la France.

« La France a quelque chose qui s'impose, qui remplit l'imagination du monde, de toutes les nations; la France est la seule qui n'ait pas à s'affirmer, à se démontrer pour impressionner l'étranger; elle n'a besoin que d'exister. »

L'auteur de l'article s'efforce d'expliquer d'où provient ce charme unique et conclut:

« La logique n'a rien à y voir. Les étrangers se battent pour la France, parce que c'est la France. Ils ne se battent pas pour l'Angleterre et les autres pays parce qu'ils ne sont pas la France, voilà tout. »

Dépêches officielles
Premier Communiqué

Sur le terrain à l'ouest du canal de l'Yser, conquis par nous hier et avant-hier, les Allemands ont laissé 2.000 morts environ et un grand nombre de fusils. Au cours des actions d'hier, nous avons fait quelques nouveaux prisonniers. A l'est du canal, nous avons consolidé les positions récemment enlevées par nous. Pendant la nuit, les Allemands ont tenté une contre-attaque particulièrement violente après bombardement par le canon et les lance-bombes. Ils ont été repoussés.

Dans la région au nord de Notre-Dame-de-Lorette, sur la route d'Aix-Noulette à Souchez, nous avons arrêté net par notre feu deux autres contre-attaques allemandes.

De notre côté, par une action de nuit, nous avons enlevé un groupe de maisons près du cimetière d'Ablain.

Sur tout le front au nord d'Arras, la lutte d'artillerie continue de jour et de nuit; les Allemands se sont particulièrement acharnés à bombarder Arras.

Dans la région de la Ville-au-Bois, près de Berry-au-Bac, l'ennemi a tenté une nouvelle attaque qui a été facilement repoussée.

Deuxième Communiqué

La pluie qui est tombée depuis lundi soir sans interruption et une brume épaisse qui empêchait de voir à 100 mètres ont rendu toute action impossible.

Aucun engagement ne s'est produit sur le front. La canonnade même a été très faible.

---

19 MAI 1915

Combats violents au nord d'Ypres et en avant du Bois Le Prêtre. — Le sous-marin australien « AE-2 » coule dans la mer de Marmara. — Les troupes allemandes essaient d'investir Przemysl.

Situation des armées sur le front occidental

Les opérations dans le secteur d'Arras et dans celui de La Bassée paraissent momentanément arrêtées, en raison du mauvais temps persistant disent les communiqués officiels. Il est certain que les combats sont très difficiles dans cette région lorsque la pluie détrempe le sol, il nous faudra attendre des temps meilleurs pour reprendre notre offensive.

Les résultats obtenus peuvent du reste momentanément nous satisfaire car ils sont d'une réelle valeur. Notre-Dame-de-Lorette et Carency, dont nous nous sommes emparés sont deux hauteurs jumelles entre lesquelles se trouve Ablain-Saint-Nazaire. Nous avons presque atteint par notre avance sur Souchez le commencement de la plaine qui s'étend jusqu'à Douai.

Les troupes anglaises ont également pris de l'avance dans la direction de Lorgier, elles ont fait un grand nombre de prisonniers.

Tous ces combats n'ont pas eu lieu sans que les armées alliées éprouvent une grande fatigue et le mauvais temps ne sévirait-il pas qu'un peu de repos serait peut-être nécessaire aux troupes, elles doivent avoir besoin de se reconstituer et de se réapprovisionner.

Il nous parvient du front que les Allemands, inquiets à juste titre des succès que nous remportons sur l'ensemble des lignes, songeraient à s'établir sur une nouvelle ligne de défense, si toutefois nos succès continuent. Cette ligne partirait de Bruges, passerait par Gand et Courtrai et aboutirait à Lille qui a été extrêmement fortifié.

Un très bon indice de cette inquiétude des Allemands, c'est qu'ils avaient fait ensemencer les champs dans le Noyonnais et le Laonnais en vue d'une récolte qu'ils espéraient recueillir et que maintenant ils donnent l'ordre de retourner le sol et de détruire le blé en herbe. La destruction qu'ils ont prescrite prouve qu'ils ne se font plus d'illusions sur les suites de la campagne. Il y a tout lieu de croire que bientôt ils auront un nouvel ennemi à combattre et leurs lignes vont s'affaiblir. Nous ne pouvons que nous en réjouir.

F. B.

Nouvelles diverses publiées par les journaux

— Une dépêche de l'agence Reuter venant du quartier général anglais annonce une nouvelle infamie des Allemands. Les troupes britanniques ayant été prévenues qu'une petite rivière, située près d'Ypres, aurait été empoisonnée par les Allemands à l'aide d'arsenic, des échantillons d'eau ont été soumis à l'analyse, ils tendent à confirmer ces dires.

— Le vapeur anglais *Drumorée* qui avait quitté Barry, le 18 mai, à destination du Texas a été torpillé par un sous-marin allemand.

— Le paquebot français *Colbert* récemment arrivé à Marseille a échappé à un sous-marin allemand, le 28 avril, au large de l'île Lundy.

— Un avion allemand a longé hier, 18 mai, dans la matinée, la frontière belge de la province de Zééland. Un aéroplane anglais lui a donné la chasse et a ouvert un feu très vif. L'appareil allemand n'a pas répondu.

— Les Allemands, complètement chassés du bois Le Prêtre, se sont vengés de cet échec en bombardant Pont-à-Mousson avec leurs grosses pièces installées à Norroy.

En Russie. — La situation ne s'est guère modifiée sur l'ensemble du front mais une grande bataille se livre sous Przemysl et les Austro-Allemands bombardent les forts de l'ouest. Entre Przemysl et le grand marais formé par le Dniester, les masses austro-allemandes sont parvenues jusqu'aux barrières de fils de fer de la défense russe et au prix des plus grands sacrifices l'ennemi a réussi à s'emparer, sur quelques points, des tranchées russes.

On annonce que le Tsar est arrivé sur le front de l'armée.

On annonce officiellement de Berlin que l'empereur d'Allemagne a assisté, le 17 mai, à la bataille qui s'est déroulée dans le secteur du San, d'abord auprès du commandant en chef, puis près du commandant d'une division.

En Turquie. — La situation des troupes de débarquement franco-anglaises s'améliore tous les jours. L'ennemi a subi des pertes énormes. Les Turcs envoient hâtivement des troupes, des provisions et des munitions dans la presqu'île de Gallipoli. Tous les canons de siège et les pièces d'artillerie les plus modernes ont été transportés d'Andrinople sur les côtes de la mer Egée.

Le général allemand Weber, commandant les fortifications des Dardanelles, est mort des suites de ses blessures.

L'amirauté anglaise fait connaître que le sous-marin australien AE-2 que les Turcs avaient annoncé comme ayant été coulé dans la mer de Marmara, est présumé perdu. On est sans nouvelles de ce sous-marin depuis le 26 avril.

Documents historiques, récits et anecdotes

LA MORT HÉROÏQUE DU COMTE D'ARGENSON. — Le comte d'Argenson, ancien député, dont on a annoncé la mort glorieuse, est tombé dans les conditions suivantes. Cet officier venait de conduire l'une de ces brillantes charges à la baïonnette qui terrifient nos ennemis. Une première tranchée avait été conquise. Les Allemands s'étaient jetés à genoux et demandaient grâce, car nos soldats, exaspérés par leurs dernières infamies, les bombes asphyxiantes et le pétrole enflammé, ne voulaient point faire de prisonniers et se préparaient à répondre aux « Kamarad! Kamarad! » par de terribles coups de baïonnette.

M. d'Argenson se jeta au-devant d'eux, les arrêta, leur dit qu'un ennemi désarmé était sacré, et qu'un soldat vainqueur avait comme premier devoir de se montrer généreux, et nos soldats l'écoutèrent. A cette minute du coin de la tranchée conquise, un coup de fusil partit. M. d'Argenson, atteint mortellement, tomba. L'un de ceux à qui il venait de sauver la vie l'avait assassiné.

LA GÉNÉROSITÉ AMÉRICAINE. — Il y a quelque temps une dame américaine d'origine française, Mme d'A..., visitait nos ambulances de la ligne de front. Elle y rencontra M. de Kervéguen, membre du Conseil supérieur de l'agriculture, actuellement chef de convoi automobile à la Société française de secours aux blessés militaires. Celui-ci exposa tous les efforts accomplis et les résultats obtenus dans le centre d'évacuation dont il avait la charge, efforts dus en partie à l'initiative privée, qui avait mis à la disposition du centre un certain nombre d'autos transformées aujourd'hui en voitures d'ambulance.

Or, il y a quelques jours, M. de Kervéguen fut prévenu qu'une superbe voiture d'ambulance automobile destinée à son centre allait arriver à Bordeaux, venant d'Amérique. Elle était due à des cotisations réunies aux Etats-Unis par les soins de Mme d'A... dès son retour sur le Nouveau-Continent. Quelques jours auparavant, une autre voiture destinée au même centre avait été expédiée par la ville de Glasgow.

Dépêches officielles

Premier Communiqué

Le mauvais temps continue.

Aucun événement sur le front pendant la nuit, sauf quelques canonnades en divers points et, à l'est de l'Yser, deux tentatives d'attaques de l'ennemi arrêtées par nos feux.

Deuxième Communiqué

Le temps est toujours très mauvais, la brume extrêmement opaque. Aucune action dans la journée sur aucun point du front.

Dans la nuit de mardi à mercredi les Allemands ont tenté contre le bois Le Prêtre une attaque que nous avons immédiatement arrêtée par notre feu.

20 MAI 1915

Combats en Champagne, près de Beauséjour. — Les Chambres italiennes se prononcent sur la guerre.

Situation des armées sur le front occidental

Aux violentes batailles des jours précédents dans la région entre Ypres et Arras, ont succédé des duels formidables d'artillerie. Quoique la pluie ait momentanément cessé de tomber, les terres qui n'étaient consolidées que superficiellement sont devenues impraticables après deux ou trois jours de mauvais temps persistant. Il faudra encore quelques journées d'un beau soleil de printemps pour que l'infanterie et surtout l'artillerie puissent y manœuvrer à l'aise. Nous pouvons nous attendre à quelques opérations locales mais il ne faut pas compter sur des mouvements importants avant une semaine au moins, en admettant que la pluie cesse de tomber.

Pendant ce temps, nous bombardons les positions allemandes et les Allemands continuent de détruire les villes et les villages de Belgique et du Nord de la France qui se trouvent à portée de leur artillerie lourde. Ils bombardent sans interruption et même sans but militaire, par amour de la destruction, Poperinghe, Ypres, Furnes, Armentières, Arras et bien d'autres villes encore. Ils détruisent les vieux monuments et tuent surtout des civils inoffensifs.

En Alsace, l'offensive française dans la vallée de la Largue, qui nous avait été annoncée par les journaux suisses, n'a sans doute pas été poursuivie puisque les communiqués officiels n'en ont pas fait mention.

Il nous parvient par la même voie que l'artillerie française continue le bombardement des positions allemandes

des hauteurs qui se trouvent au-delà d'Alkirsch. Ils nous disent également que le 17 mai une escadrille allemande de trois avions a lancé une dizaine de bombes sur un rassemblement de troupes à la gare de Gérardmer.

Quelques actions locales sont signalées par le communiqué de 23 heures. En Champagne, près de Beauséjour, nous avons progressé à la mine jusqu'aux tranchées ennemies. Au bois d'Ailly, nous avons enlevé plusieurs tranchées allemandes et fait des prisonniers.

Une attaque allemande à Bagatelle, en Argonne, a été facilement repoussée.

F. B.

Nouvelles diverses publiées par les journaux

— On annonce de Melun qu'aujourd'hui, 20 mai, l'aviateur Morau, inventeur du stabilisateur pour aéroplane, s'est tué en essayant un nouvel appareil. Il est tombé d'une hauteur de 450 mètres.

— M. Messimy, qui était ministre de la guerre au début des hostilités et qui maintenant commande un groupe de bataillons de chasseurs avec le grade de lieutenant-colonel, vient d'être cité à l'ordre de l'armée.

— On annonce de Pétrograd qu'un sous-marin anglais en croisière dans la Baltique a coulé le 10 mai, dans le voisinage de Libau, un transport allemand protégé par des vaisseaux de guerre.

— Les chalutiers anglais *Lucerne* et *Chrysolithe* ont été coulés hier par des sous-marins allemands.

— Le vapeur anglais *Dumfries* allant de Cardiff à Livourne a été torpillé hier, 19 mai, par un sous-marin allemand.

— On annonce de Buda-Pesth que le général von Auffenberg, ancien ministre de la guerre autrichien a été, trois jours après avoir été fait baron, arrêté à la suite d'une querelle avec l'archiduc Frédéric.

— Le *Journal officiel* publie un décret nommant le député Albert Thomas, sous-secrétaire d'Etat à la guerre.

En Russie. — L'attention se porte tout entière sur la grande bataille qui se livre en Galicie. Malgré le recul de l'armée russe qui n'a rien d'inquiétant, les Russes tiennent tête vaillamment aux 60 divisions austro-allemandes qui essayaient d'investir Przemysl. Les forces russes restent intactes malgré les pertes éprouvées, car les réserves sont inépuisables et elles assurent immédiatement la reconstitution des forces de première ligne.

En Turquie. — Les forces alliées opèrent toujours contre les hauteurs dominant le village de Krithia. Toute la flotte alliée continue un feu très violent contre les positions ennemies. Tous les forts de la côte asiatique paraissent complètement détruits, alors que quelques-uns de la côte européenne résistent encore.

En Italie. — Les Chambres italiennes se sont réunies aujourd'hui. Le ministère Salandra a déposé un projet de loi autorisant le gouvernement, en cas de guerre et pendant la durée de la guerre, à prendre toutes décisions ayant valeur de loi pour tout ce qu'exigent la défense de l'Etat et les besoins urgents de l'économie nationale. Ce projet a été adopté par 407 voix contre 74. Il sera soumis demain au Sénat.

Un livre vert contenant tous les pourparlers avec l'Autriche depuis le 9 novembre 1914 jusqu'au 15 mai 1915 a été publié.

Documents historiques, récits et anecdotes

BRAVO, LE MÉCANICIEN. — Il y a quelques jours, de nombreux permissionnaires, formant environ l'effectif d'une compagnie, avaient pris place dans un train aux environs de Pontarlier, à destination de Verrières. Malheureusement, il existe un Verrières de chaque côté de la frontière. Le train, étant direct, ne devait s'arrêter qu'en Suisse, et ce ne fut qu'après le départ, alors qu'il était trop tard pour descendre, que les soldats connurent ce détail. Or, si eux, soldats français, pénétraient sur le territoire suisse, c'était l'arrestation et l'internement. Avec une émotion légitime, ils prièrent le chef du train de ralentir avant de passer la frontière, pour leur permettre de descendre sur le sol français. Le chef ne pouvait prendre la responsabilité d'un ralentissement ni d'un arrêt imprévu dans l'horaire du train. Le mécanicien, un citoyen suisse, mis au courant de la situation, trancha aussitôt la difficulté:

— Je m'arrêterai à Verrières (France), dit-il simplement.

— Mais, fit observer le chef du train, je serai obligé de noter l'arrêt sur le graphique, et il peut en résulter des mesures disciplinaires.

— Tant pis, j'arrêterai; je ne veux pas livrer ces braves gens, qu'une erreur de nom mettrait dans l'impossibilité de défendre leur pays.

A Verrières, à quelques kilomètres de Verrières (Suisse), le train stoppa. Avec la joie reconnaissante que l'on devine, les permissionnaires descendirent et purent rejoindre leur garnison, non sans avoir manifesté leur gratitude au mécanicien, qui leur assurait ainsi, à ses risques et périls, la liberté.

COMMENT FUT TUÉ L'ESPION COUREUR CYCLISTE MAYER. — Mayer, l'ancien sprinter allemand bien connu sur les vélodromes et qui gagna en 1904 les 5.000 fr. du Grand-Prix cycliste de Paris, avait réussi à s'introduire dans nos lignes. Au moment où il regagnait les tranchées allemandes, récemment, la nuit, il se heurta à une sentinelle avancée française qui lui barra le passage.

— Qui vive!

— Sergent patrouilleur!

— Il n'y a pas de sergent patrouilleur. Arrière!

La conversation dans la nuit avait éveillé l'attention. Les nôtres s'inquiétaient. Ils savaient qu'à cette heure, aucune patrouille n'était dehors. Mayer, lui, l'ignorait, et il tentait de convaincre la sentinelle.

« Arrière ou je tire! » C'est la dernière phrase qu'on entendit, rapporte un soldat témoin. En reculant, l'espion tombait dans nos tranchées; il avança donc. Un coup de feu retentit, et l'ancien coureur roula à terre. La balle l'avait traversé de part en part. Il avait été tué sur le coup. Les papiers qu'on trouva sur lui ne laissèrent aucun doute sur le triste métier qu'il faisait. Mayer était vêtu d'un uniforme de sergent-major français

Dépêches officielles

Premier Communiqué

Aucun événement à signaler pendant la nuit de mercredi à jeudi.

Deuxième Communiqué

Entre Nieuport et Arras, le terrain reste détrempé et difficilement praticable. La journée a été marquée par un vif combat d'artillerie au cours duquel deux avions allemands ont été abattus, l'un par l'artillerie britannique, l'autre par la nôtre.

En Champagne, près de Beauséjour, nous avons progressé à la mine jusqu'aux tranchées ennemies au contact desquelles nous nous sommes maintenus.

En Argonne, à Bagatelle, nous avons repoussé une attaque.

Au bois d'Ailly, nous avons enlevé plusieurs tranchées, fait des prisonniers et conservé le terrain gagné.

21 MAI 1915

Nouveaux combats sur la rive est du canal de l'Yser. — Progrès des Anglais au nord de La Bassée. — Nouvelle avance française sur les pentes de Notre-Dame-de-Lorette. — Les Allemands franchissent le San et progressent légèrement.

Situation des armées sur le front occidental,

Les communiqués du 21 mai ne signalent sur l'ensemble du front que peu d'opérations. Il est tout d'abord question d'une attaque allemande contre nos tranchées de la rive est du canal de l'Yser; cette attaque a été refoulée, elle nous a même permis de gagner du terrain et de faire plus de 100 prisonniers. Sur le terrain, il est resté plus de 500 cadavres allemands.

Les troupes anglaises ont prononcé une forte offensive du côté de Lille. L'attaque a été vigoureusement menée quoique le feu de l'artillerie allemande ait infligé à ces troupes des pertes sérieuses. La progression s'est surtout accentuée au nord-est des Violaines.

Sur tout le front Notre-Dame-de-Lorette, Souchez et Neuville-Saint-Vaast un duel d'artillerie s'est engagé le 20 mai et a duré toute la nuit. Le 21 au matin les troupes françaises ont, malgré les difficultés du terrain, prononcé une attaque sur les pentes au sud de Notre-Dame-de-Lorette. Après un brillant combat elles se sont emparées des ouvrages allemands de la Blanche-Voie. Cet ouvrage est la dernière position occupée par les Allemands sur le massif de Notre-Dame-de-Lorette. Sa prise est d'autant plus importante que notre action sur Souchez était gênée par les nombreuses mitrailleuses que l'ennemi avait établies sur ce point.

Nous avons également progressé dans le village d'Ablain-Saint-Nazaire dont une extrémité est encore occupée par les Allemands. Nous avons fait environ 200 prisonniers et pris un canon.

Cette action toute locale a une réelle valeur, elle démontre en outre que nous sommes toujours maîtres de la situation puisque l'ennemi a été battu malgré les renforts qui ont pu lui parvenir depuis notre première attaque.

Il semble résulter des communiqués anglais que la bataille est à nouveau engagée sur tout le front britannique.

F. B.

Nouvelles diverses publiées par les journaux

— Le chalutier français *Saint-Just* a été coulé le 20 mai au large de Dartmouth, par un sous-marin allemand.

— Le chalutier anglais *Crimond* a été coulé le 19 mai à cent milles au sud de Jarwick, par le sous-marin allemand *U-29*.

— Dans les milieux navals, en Allemagne, on estime que dix-sept sous-marins allemands sont perdus depuis le 18 février.

— On annonce de Bâle qu'une escadrille de cinq avions alliés vient de survoler Colmar, les Allemands l'ont violemment canonné mais aucun avion n'a été atteint.

— On télégraphie de Londres que dans le remaniement ministériel lord Kitchener va quitter le sous-secrétariat à la guerre pour le poste de généralissime. Il pourra ainsi se consacrer exclusivement aux opérations et les diriger.

— On parle beaucoup en Allemagne de la séparation prochaine du Kronprinz et de sa femme, la Kronprinzessin Cécile. Celle-ci se retirerait en Russie, auprès de sa mère, la grande-duchesse Anastasie.

— On annonce la mort du cycliste coureur allemand

Mayer. Il avait réussi à s'introduire dans nos lignes pour espionner et il a été tué au moment où il regagnait les tranchées allemandes.

En Russie. — Depuis deux jours les Russes débordent le front austro-allemand autour de Stryj, infligeant des pertes énormes à l'ennemi. Le centre russe est toujours l'objet des plus grands efforts de l'ennemi qui cherche à s'emparer de la première ligne des forts de Przemysl, jusqu'ici, ils n'ont pu briser la ligne de défense russe.

On raconte que le 16 mai, l'empereur d'Allemagne assistait, avec son état-major, aux opérations d'offensive en Galicie, lorsqu'un gros obus vint éclater à 500 mètres de lui. L'automobile impériale que Guillaume II venait de quitter fut détruite.

En Turquie. — Le bombardement des forts des Dardanelles continue. Le fort de Kilid-Bahr est plus particulièrement endommagé. Dardanos n'est plus qu'un amas de ruines.

Les aéroplanes et les navires de guerre ont bombardé Gallipoli, les obus ont détruit certaines parties de la ville.

En Italie. — Le Sénat italien, par 262 voix contre 2, a adopté le projet du gouvernement que la chambre avait ratifié hier. C'est la guerre à bref délai.

En Serbie. — On annonce de Vienne que de fortes masses serbes accompagnées d'une très forte artillerie avancent vers la frontière autrichienne. On s'attend à une attaque générale serbe. La Roumanie a achevé sa mobilisation.

Documents historiques, récits et anecdotes

CE QU'UN OFFICIER PRUSSIEN NE PEUT PAS COMPRENDRE. — C'était après la capitulation de Metz, le 27 octobre 1870. Les premiers trains emmenaient vers l'Allemagne les soldats français prisonniers. Sur le quai de la gare, le général Deligny, un brave qui avait commandé les voltigeurs de la Garde, allait de wagon en wagon. Un officier prussien s'approcha.

— Pardon, mon général, vous cherchez le compartiment des généraux?

— Non, répondit Deligny, je ne cherche pas le compartiment des généraux; je cherche les wagons où l'on a mis mes soldats.

— Oh! mon général, répondit l'officier, les soldats partiront plus tard en troisième classe.

— Eh bien, je partirai plus tard en troisième classe avec eux. On ne quitte pas ses enfants quand ils souffrent. Le chagrin, ça se partage comme les honneurs.

Et l'officier prussien, saluant, s'éloigna quelque peu suffoqué.

Or, cette noble anecdote me revenait en mémoire hier, comme je lisais la belle réponse faite par un commandant français à un lieutenant prussien qui réclamait parce qu'on le faisait voyager avec ses hommes.

— Nous sommes ici en France, pays de démocratie et d'égalité, disait le commandant au lieutenant récalcitrant. On doit donc s'y comporter suivant les mœurs françaises. C'est pourquoi j'ai toujours mis les officiers allemands avec leurs soldats.

Il y a des choses qu'un hobereau prussien ne peut pas comprendre. (*Petit Journal.*)

Dépêches officielles

Premier Communiqué

Au nord d'Ypres, à l'est du canal de l'Yser, l'ennemi a prononcé au début de la nuit dernière une attaque contre nos tranchées. Il a réussi d'abord à y prendre pied, mais une contre-attaque immédiate l'a complètement refoulé et a gagné du terrain au-delà de nos positions initiales. Nous avons fait cent vingt prisonniers.

Plus au sud, les troupes britanniques ont réalisé quelques progrès au nord de La Bassée.

A Notre-Dame-de-Lorette et sur le front Souchez=Neuville-Saint-Vaast, combat d'artillerie pendant toute la nuit.

Sur le reste du front, rien n'a été signalé.

Deuxième Communiqué

Les rapports complémentaires soulignent l'importance de l'échec subi par les Allemands au cours de leur attaque de la nuit du 20 au 21, au nord d'Ypres.

Le nombre des prisonniers faits par nous atteint 150. Nous avons pris plusieurs lance-bombes. Plus de 500 cadavres allemands ont été comptés sur le terrain.

Le temps étant devenu meilleur, nos troupes ont prononcé sur les pentes sud de Notre-Dame-de-Lorette une attaque qui a donné de brillants résultats.

Elles se sont emparées des ouvrages allemands dits « la Blanche-Voie », situés sur le seul des cinq contreforts sud du massif de Lorette que l'ennemi tient encore partiellement. De ce point, les Allemands, par leurs mitrailleuses, gênaient notre action, tant sur le plateau qu'à l'ouest de Souchez. La totalité du massif de Lorette et de ses contreforts, défendus par l'ennemi depuis plus de six mois avec une extrême âpreté, est ainsi en notre pouvoir.

Nous avons conquis d'autre part la partie d'Ablain-Saint-Nazaire qui reliait les positions de « la Blanche-Voie » à l'extrémité nord-est du village, où les Allemands sont encore.

Au cours de cette action, nous avons fait plus de 250 prisonniers, dont plusieurs officiers, et pris un canon.

L'ennemi a répondu à notre succès par un très violent bombardement, mais n'a pas contre-attaqué.

Journée calme sur le reste du front.

Le 27e fascicule paraîtra incessamment Réclamer les fascicules précédents.

NIORT. — IMP. TH. MARTIN

TYPO=LITHO.
Gravure
TH. MARTIN
IMPRIMEUR
NIORT
(D.-S.)